영어와
함께
살아가는
방법

영어와 함께 살아가는 방법

초판 1쇄 | 인쇄 2015년 9월 1일
초판 1쇄 | 발행 2015년 9월 1일

지은이 | 장승진
펴낸이 | 장승진
펴낸곳 | ㈜프랙티쿠스

주소 | 서울시 서초구 나루터로 59 라성빌딩 4층 428호
전화 | 02)6203-7774 팩스 | 02)6280-0021
홈페이지 | www.practicus.co.kr
이메일 | help@practicus.co.kr
출판신고 | 2010년 7월 21일 제 2010-47호

© 2015 장승진

▶ 저자와 출판사의 허락 없이는 이 책의 전부 또는 일부 내용을 어떠한 형태나 수단으로도 이용하지 못합니다.
▶ 잘못 만들어진 책은 구입처에서 바꿔 드립니다.

ISBN 978-89-6893-022-5

값 13,000 원

영어와 함께 살아가는 방법

요령 있게 공부하고 영어 스트레스를 줄이자

장승환 저

프랙티쿠스

FOREWORD
머리말

『영어와 함께 살아가는 방법』은
프랙티쿠스의 열 번째 종이책입니다. 중급 혹은 그 이상 수준의
독자들을 위해 실용 영어 표현을 소개하는 책을 주로 출간해 왔는데,
이번에는 '학습법'이라고 부를 만한 내용을 다루게 되었습니다.
'함께 살아가는'이라는 제목에서 느껴지는 점이 독자마다 다를 것이라고 생각합니다.
영어가 우리 삶과 떼려야 뗄 수 없는 존재라고 생각하며 공감하는 분도 있을 테고,
학습법 책의 제목으로서는 낯설다고 생각하는 분도 있을 것 같습니다.
함께 살아간다는 말이 무슨 뜻인지는 책을 읽으면서 알게 되시겠지만
우선 머리말에서 간략히 설명한다면, 크게 2가지 의미를 지닙니다.

첫 번째로,
영어가 내 생활의 일부분이 되어야 한다는 의미입니다.
본문의 표현을 빌리자면 내 언어 생활의 일부분을
영어에 떼어 주어야 한다는 말입니다.
영어로 된 정보를 날것 그대로 얻고 내 생각을 영어로 표현해 보려
노력해야 영어를 잘하는 사람이 될 수 있습니다.

두 번째로,

영어 학습이 단기간에 이루어질 수 없으니

영어 학습 과정을 길게 봐야 한다는 점에서 '함께 살아간다'고 말할 수 있습니다.

우리는 흥미로운 일을 금방 포기하지 않습니다.

오랫동안 즐기고 배우면서 거기서 의미를 찾습니다.

어려운 일이겠지만 영어 공부도 결국 그래야 합니다.

영어 학습에 흥미를 느끼고 꾸준히 영어를 익히려고 하는

나 자신을 발견할 수 있어야, 그렇게 영어와 함께 살아갈 수 있어야

진짜로 영어를 잘하는 사람이 됩니다.

많은 내용을 한 권에 담으려는 욕심에 충분히 설명하지 못 한 것은 아닌가 하는

우려도 생깁니다. 그러나 모든 책들이 그렇듯, 영어 학습법을

다루는 책도 독자들께 의미 있는 계기를 제공하는 것으로

그 역할은 충분하지 않을까요. 이 책이 영어를 잘 쓰고 잘 말하고자 하는 분들께

쓸모 있는 문제제기가 되길 바랍니다.

장승진

CONTENTS
목차

1 영어와 함께 살아가기 위해 13

영어와 함께 살아간다는 말 14
- 영어와 함께 살아가기 ■ 영어와 한국어 간의 거리 ■ 영어 시험과 함께 살아가기

언어 생활의 일부를 영어에 떼어 주자 18
- 언어 생활의 얼마만큼을 영어로 할 것인가 ■ 내 생활을 벗어난 영어는 존재하지 않는다
- 영어 학습의 선순환 구조를 만들어야 한다

지극히 현실적인 접근을 하자 22
- 어른은 외국어 배우기 힘들다 ■ 타인의 신화나 성공담에 현혹되지 말자
- 근사한 공부 방법에 현혹되지 말자 ■ 쉬워 보이는 것부터 하자

이미 자기 영어는 있다 37
- 다시 시작하지 말자 ■ 왕초보도 자기 영어는 있다
- 자기 영어를 발전시켜 나가기 ■ 이해보다 표현이 어려운 것은 당연하다

내가 쓰고 싶은 표현부터 기억하자 46
- 과감히 버리자 ■ 내가 원하는 것을 알아야 버릴 수 있다 ■ 범용 단어와 범용 표현을 개발하자

2 단어와 함께 살아가기 53

학창시절의 방법들 54
- 잘못된 단어 학습법 ■ 시험을 위한 효과적 방법 ■ 영한사전의 역할

기초적인 어휘력은 있어야 한다 58
- 수단과 방법을 가리지 않고 기억하기

바람직한 단어 기억법 60
- 가장 이상적인 단어 학습 ■ 소리와 모양을 기억하자 ■ 스펠링은 생각보다 중요하지 않다
- 단어가 저장되는 뇌구조 ■ 단어에 등급을 두지 말자 ■ 우리말과 잘 대응하지 않는 단어가 더 많다

3 숙어와 함께 살아가기 73

숙어라는 말을 쓰지 말자 74
- 구(句), 구동사, 관용 표현은 다르다

구동사란 무엇인가 76
- 구동사를 많이 쓰자 ■ up, in, out, on, down 등의 의미

속담과 관용 표현 83
- 수없이 많은 관용 표현 ■ 관용 표현의 일부만 활용

궁리가 먼저, 암기는 나중 86
- 의미를 궁리해 보기 ■ 궁리해도 모를 때 암기하기

4 문법과 함께 살아가기 89

학창시절의 잘못된 문법 교육 90
- 문법은 잘못된 문장을 가려내기 위한 도구가 아니다
- 안 되는 것들의 장황한 리스트 ■ 5형식은 죄가 없다

표현을 위해 문법을 생각하자 96
- 학창시절 어려웠던 문법 ■ negative방식에서 positive방식으로 전환하자

문법의 효용: 정보를 결합하기 위해 102
- 정보 결합을 위한 문법의 예

문법의 효용: 정보를 섬세하게 표현하기 위해 109
- 정보를 섬세하게 표현하기 위한 문법의 예

5 독해와 함께 살아가기 115

'해석'과 '영어로 읽기'는 다르다 116
- 해석과 직독직해 ■ 정확히 읽기와 눈치로 읽기 ■ 현실적으로, 무엇을, 왜 읽는가

정확히 읽기 121
- 문장 분해하기

눈치로 읽기 **123**
- 내가 원하는 정보가 무엇인가 ■ 단어를 대하는 태도 ■ 긴 문장에 당황하지 말자

많이 들어야 빨리 읽게 된다 **128**
- 듣기는 읽기에도 도움이 된다

 청취와 함께 살아가기 **131**

듣기를 가장 많이 해야 한다 **132**
- 듣기는 듣기에서 끝나지 않는다

잘 들리지 않는 다양한 이유들 **135**
- 내용의 난이도, 배경지식 ■ 발음의 문제 ■ 빠르기 ■ 연기나 감정의 개입

정확히 듣기와 눈치로 듣기 **138**
- 정확히 듣기 ■ 눈치로 듣기

연습할 때 고려할 점 **143**
- 자기도 모르는 사이에 발전한다 ■ 반복 청취 견뎌 내기

무엇을 들을 것인가 **145**
- 가장 흥미로운 것을 듣자 ■ 영화, 드라마 ■ 뉴스 듣기 ■ 다큐멘터리 듣기

7 스피킹과 함께 살아가기 151

두 가지 필수 조건 152
- 자주 말해야 한다
- 원어민과 말해야 한다

국내파가 염두에 둘 점 154
- 워드가 아니라 파워포인트처럼 말해보자
- 말할 때는 문법을 생각하지 말자

입에서 튀어나오기와 의식하고 말하기 161
- 입에서 튀어나오기
- 의식하고 말하기

문장 만드는 속도를 높이기 165
- 시작이 반
- 패턴을 기억하기

스피킹 연습법: 짝짓기 168
- 표현과 표현을 짝짓기
- 문장과 문장을 짝짓기
- 상황과 문장을 짝짓기

8 영작과 함께 살아가기 177

말하기와 글쓰기를 구분하지 말자 178
- 글도 결국은 소리다
- 나는 현실적으로 무엇을 쓰게 될까

단락 만들기 181
- 문장 만들기를 넘어 단락 만들기로
- 단락 만들기의 두 가지 원칙
- 스타일을 익혀야 한다
- 스타일은 검색을 통해 해결하자

다시 시간을 돌릴 수 있다면 195

점수와 학위를 신봉하지 말자 196

이 세 가지는 꼭 할 것이다 198
- 읽기보다 듣기에 치중한다 ■ 한 살이라도 어릴 때 많이 말하기 위해 애쓴다
- 표현뿐 아니라 지식에도 관심을 갖는다

이 세 가지는 하지 않을 것이다 202
- 문제집 많이 풀지 않는다 ■ 두꺼운 책, 특히 소설로 영어 공부한다고 생각하지 않는다
- 영한사전 열심히 뒤지지 않는다

영어 실력은 결국 스스로 쌓아 가는 것이다 205
- 나만의 영어 몰입 환경 만들기 ■ 물리적 환경과 언어적 환경은 다르다
- 관심, 자기 영어, 원어민의 자극이 핵심

영어 천사는 한반도에 있을 수도

Introduction

영어와 함께 살아가기 위해

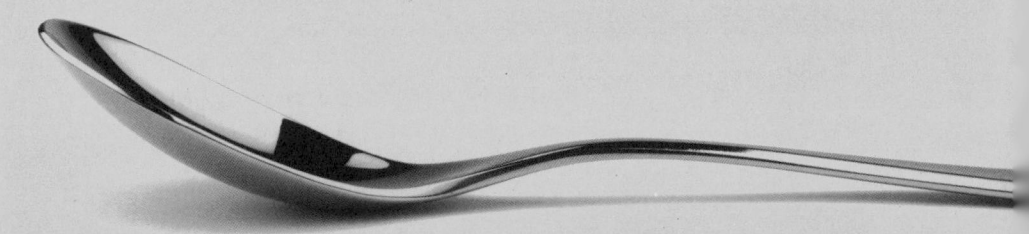

영어와 함께
살아간다는 말

▌영어와 함께 살아가기

　세상을 살아 나가려면 불편하고 부담스러운 것들과도 공존해야 함을 우리는 안다. 불편하더라도 꼭 필요하고 중요한 존재라면, 우리는 그 존재와 함께 살아가는 방법을 궁리한다.

　필자는 우리에게 영어가 딱 그런 존재라고 생각한다. 영어는 쉽지 않다. 하지만 필요하다. 그런데 '부담스럽지만 꼭 필요한 존재'인 영어를 대하는 우리의 태도는 어떠한가? 영어의 부담을 받아들이는 한편 적당히 혜택도 얻으면서 함께 살아가는 길을 찾으려 하지 않고, 영어를 정복할 수 있는 것처럼 대하는 경우가 많다. 영어를 점수화해 몇 점 이상을 얻으면 부담스러움을 완전히 떨칠 수 있는 것처럼 말하기도 한다. 반대로 영어의 부담스러움만을 부각시킨 나머지 영어를 아예 포기하거나 외면하기도 한다.

　영어에 올인하거나 영어를 포기할 필요가 없다. 영어와 함께 살아갈 궁리를 하면 된다. 내 언어 생활의 일부를 영어에 떼어 주려 노력하고, 시험영어는 결국 실용영어의 일부일 뿐이라고 생각하면 된다. 그것이 필자가 생각하는 영어와 함께 살아가는 길이며 영어를 대하는 가장 현명한 방법이다.

영어와 한국어 간의 거리

우리에게 영어가 어려운 이유에 대해 흔히들 입시 위주의 교육 때문이라고 말한다. 맞는 말이다. 입시를 위한 객관식 문제풀이는 실용적인 영어 구사 능력에 오히려 방해가 되기도 한다. 그러나 더 근본적인 이유는 영어와 한국어가 원래 거리가 멀다는 데 있다. 만일 중국어나 일본어가 중요한 시험 과목이라 열심히 공부해야 한다면, 지금 우리가 영어를 배우는 방식보다 훨씬 문법 위주로 배운다고 해도 상당한 회화 능력을 갖추게 될 것이다.

영어 시험과 함께 살아가기

우리는 대부분 학교에서 영어라는 '시험과목'을 통해 영어를 접했다. 그러다 보니 '영어 점수 = 영어 능력'이라고 생각하기가 쉽다. 그러나 영어 시험을 잘 보는 것과 영어를 영어로 대하는 것은 다르다. 영어를 영어로 대한다는 건 무슨 말일까? 네이티브는 아니지만 자기 생각을 영어로 말할 수 있고, 영어로 된 정보를 날것 그대로 습득하고 소화할 수 있게 됨을 말한다.

그러나 영어 점수를 잘 받고 입시에도 성공하기 위해 우리는 영어를 영어로 대할 기회를 제대로 가져 보지도 못한 채 학창 시절을 보낸다. 하지만 우리는 평생 학생으로 살지 않는다. 시험 점수가 더 이상 중요하지 않은 때가 반드시 온다. 더 이상 점수로 영어 실력을 평가받지 않아도 되는 시점이 되면, 이제는 입시 영어를 잊어버려야만 한다. 잊어버린다는 말은 이전에 기억한 단어나 표현을 지워야 한다는 의미가 아니다. 시험을 위해 영어를 대했던 방식을 잊어버리고 영어를 진짜 언어로 대하는 방식을 새롭게 익혀야 한다는 말이다. 바로 갈 수 있는 길을 돌아서 가는 수고를 해야 하는 셈이다.

필자는 입시를 통과하고 영문학을 전공으로 택한 이후 20대 중반까지 사실상 영어를 영어로 대하는 방법을 몰랐다. 주변에 그 방법을 조언해 주는 사람이 없었고, 설령 있었다 해도 그런 조언에 귀 기울일 줄을 몰랐다. 만일 시간을 되돌린다면, 시험 점수를 적당히 받더라도 어릴 때부터 영어를 영어로 대하는 길을 갈 것이다. 높은 영어 점수를 높은 영어 실력과 동일시하면서 점수 잘 받는 데에만 치중하고 안주하지 않겠다는 말이다. 영어를 영어로 대하는 방법을 궁리하고, 점수와 실용능력 간에 균형을 잡는 법을 생각하며 살겠다는 말이다.

영어 시험을 준비하는 학생들이 막연히 공부만을 할 것이 아니라, '영어 시험'과 함께 살아가는 기간은 생각보다 짧으며 결국 '영어'와 함께 살아가야 하는 순간이 올 것이라는 점도 생각해 보길 바란다.

KEY TAKEAWAYS

영어 점수를 잘 받는 것과 영어를 영어로 대하며 사는 것은 다르다. 영어 시험과 함께 살아가는 기간보다 영어를 영어로 대하며 살아가야 하는 기간이 더 길다.

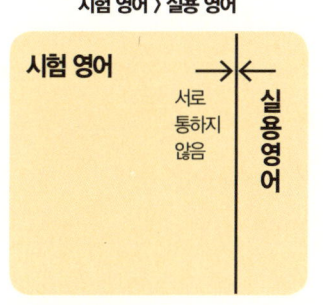

- 시험 영어를 중시
- 시험 영어와 실용 영어 간 경계선이 뚜렷함

〈대부분 한국인들의 생각〉

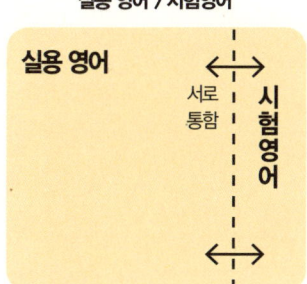

- 실용 영어를 중시
- 실용 영어와 시험 영어의 경계선이 없다고 생각함

〈영어와 함께 살아가는 사람들의 생각〉

언어 생활의 일부를
영어에 떼어 주자

언어 생활의 얼마만큼을 영어로 할 것인가

학교 생활, 직장 생활, 결혼 생활이 있듯, 우리에게는 언어 생활도 있다. 뭔가 듣고 읽으면서 정보를 얻고, 자신의 생각을 타인과 나누는 생활을 일컫는다. 영어와 함께 살아간다는 말은 곧 언어 생활의 일부를 영어에 떼어 준다는 의미다. 1%만을 떼어 주고 99%를 한국어로 할 수도 있겠지만, 30% 정도를 영어로 할 수도 있다. 100%를 다 떼어 주면 원어민이 되는 것이다.

언어 생활의 얼마나 많은 부분을 영어에 할애하느냐, 즉 언어 생활의 얼마만큼을 영어에 떼어주느냐가 결국 영어실력을 좌우한다. 이 '떼어 주기'가 영어와의 공존을 위해 가장 중요한 원칙이다.

KEY TAKEAWAYS

내 언어 생활의 1% 이상을 영어로 하겠다는 생각을 지녀야 한다. 그 비율이 높은 사람이 영어를 잘하는 사람이다.

내 생활을 벗어난 영어는 존재하지 않는다

수능을 끝내고 토익도 끝낸 직장인이라면 영어의 효용은 좋은 점수를 받았을 때의 만족감으로 표현되지 않는다. 영어를 통해 새로운 취업 기회를 얻거나, 영어 덕에 조직에서 남보다 앞서가는 등의 구체적인 성과를 내는 것이 영어의 효용이다. 또 영어를 통해 다양한 볼거리와 들을 거리가 생길 때, 영어 덕에 새로운 경험들을 늘려 갈 수 있을 때 영어가 내게 큰 의미가 있다고 생각하게 된다.

결국 영어에 흥미를 갖고 언어 생활의 일부를 영어에 떼어 주려면, 내 생활을 돌아보고 실생활의 어떤 부분에 영어를 받아들일지부터 생각해야 한다. 내 생활을 벗어난 영어란 사실상 존재하지 않는다. 존재한다 해도 내게는 의미가 없다고 생각하는 것이 맞다.

자신의 현재 실력과 상관없이, 삶과 영어의 접점은 누구에게나 있다. 영어 실력이 초급인 사람도 외국 여행을 가서 쇼핑을 하거나 외국 인터넷 사이트를 통해 상품을 구입할 때 영어와 생활이 만나는 경험을 하게 된다. 영어 능력이 뛰어난 사람이라면 자신의 일과 관련하여 영어의 의미를 더욱 절감할 것이다.

내 언어 생활의 어떤 부분을 영어에 떼어줄 수 있을까 스스로 리스트를 만들어 볼 수 있을 것이다. 만일 자신의 영어가 초급이라면

- 여행할 때 필요한 최소한의 영어 표현 기억하기

- 인터넷 직구와 쇼핑을 위한 표현 기억하기

와 같은 리스트를 작성할 수 있을 것이고, 중급 혹은 그 이상이라면

- 좋아하는 책, 영화, 스포츠 등에 대한 정보를 영어로 접하기
- 직장에서 필요한 영어 익히기
- 외국인과 대화하고 교류하며 새로운 경험하기

와 같은 리스트를 만들 수 있다.

자신의 실력에 맞춰 리스트를 만들었다면 리스트의 항목 중에서 최소한 몇 가지를 실천에 옮겨 보아야 한다. 영어에 떼어 주는 언어 생활의 비율을 높여 나가는 만큼 내 영어 능력도 발전한다는 사실을 기억하자.

영어 학습의 선순환 구조를 만들어야 한다

내게 영어는 왜 필요한가를 생각하고, 그 필요에 맞춰 영어와 함께 살아갈 궁리를 하자. 어쩌면 평생이 될지도 모를 아주 오랜 기간 동안 그렇게 할 수 있으려면 영어 실력을 발전시켜 나가는 일종의 선순환 구조가 필요하다. 호기심이 표현 습득으로 이어지고 습득한 표현이 새로운 호기심을 낳아 계속 발전해 나가는 구조를 스스로 만들어야 한다. 여기서 가장

중요한 것은 호기심이다. 그 호기심은 자신의 현재 실력에 어울리고 자신의 필요에 맞는 것이어야 한다.

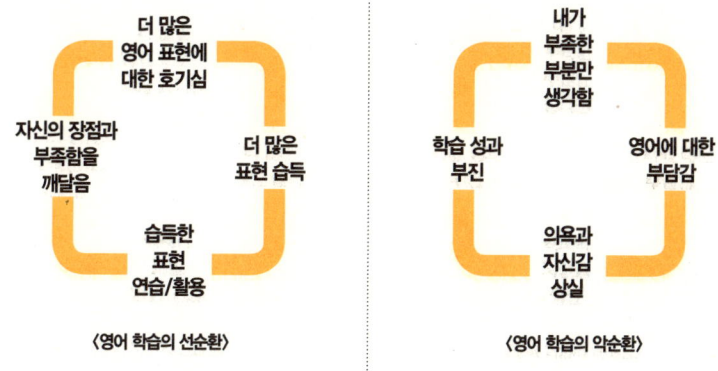

〈영어 학습의 선순환〉　　〈영어 학습의 악순환〉

반면 짧은 기간 동안 영어 실력을 급상승시키고 영어를 정복하겠다는 목표를 세울 때 우리는 일종의 악순환에 시달리게 된다. 어렵고 재미가 없고, 재미가 없으니까 더 어렵고, 어려우니까 결국은 포기하고 만다. 영어에 흥미를 느끼지 못하고 영어 능력의 발전이 없는 사람은 대개 이런 악순환에 시달린다. 이 악순환을 선순환으로 전환해야 한다.

KEY TAKEAWAYS

영어 학습의 선순환 구조를 만들어야 한다. 선순환은 내게 필요한 것에 대한 호기심으로부터 출발한다.

지극히 현실적인
접근을 하자

어른은 외국어 배우기 힘들다

흔히 어린이가 외국어를 습득하는 과정을 예로 들면서 어른도 그와 같은 방법으로 외국어를 익힐 수 있다고 말한다. 그래서 큰 소리로 따라 하거나 의미를 생각하지 않고 무작정 반복하는 방법을 추천하기도 한다.

하지만 어른은 어린이와 같은 방법으로 외국어를 익히지 못한다. 어른의 머리는 복잡하기 때문에 있는 그대로 받아들이고 흡수하기가 힘들다. 또, 어른은 이미 입시 공부를 거쳐 올바른 문장과 틀린 문장을 가려내는 법에 익숙해져 있다. 왜 그런 문장이 만들어졌는지에 대한 의문 없이 영어를 있는 그대로 받아들이며 익히기가 어렵다. 영어 문장이나 표현을 기억하려면 영어에 대응하는 우리말을 반드시 거치거나 그 문장이나 표현이 문법으로 설명되는 과정을 확인해야만 한다.

예를 들어 징글벨(Jingle Bell) 캐롤의 가사 중간에는 Dancing and prancing in Jingle Bell Square라는 부분이 나온다. 여기 나오는 prance는 깡총깡총 뛰거나 설치면서 돌아다니는 모습을 뜻한다. 특히 말이나 사슴 같은 동물이 뛰어다니는 모습을 묘사하는 단어로 쓰인다. dance와 각운(rhyme)도 잘 맞는 만큼 dance와 비슷한 의미일 거라고 유추하고 기억해 두면 된다. 아마 어린이라면 그렇게 prance라는 단어를 기억할 것이다. 그리고 다른 상황에서 한 번 더 prance라는 단어를 접한다면 그때 그 의미를 확정지을 수 있게 될 것이다. 예를 들어 The members of the football team pranced and danced their way onto the field(그 미식 축구 팀 선수들은 뛰고 춤추며 경기장으로 들어섰다).와 같은 문장을 보면 prance의 의미가 더 분명해지게 된다. 그러나 어른은 그렇게 하지 못한다. 영어를 '공부'하는 데 익숙한 어른은 prance를 사전에서 찾아 그 뜻을 확인해 보아야 직성이 풀린다. 이렇듯 반드시 우리말을 거쳐서 영어를 익히려 한다.

문장의 구조나 문법을 파악하는 것도 마찬가지다. 예를 들어

I try not to eat after 6 pm, **which** is very important for successful weight-loss
저는 저녁 6시 이후에는 먹지 않으려 노력합니다. 다이어트를 위해 매우 중요하기 때문입니다.

와 같은 문장을 보았다고 하자. 어린이라면 '앞에 나온 말을 그대로 받아 어떻다는 내용을 첨가하려면 which를 쓰면 되는구나' 하고 그냥 기억을 하겠지만, 어른은 Which country are you from?와 같은 문장에 나오는 which와의 차이를 문법적으로 이해하려 들 것이다.

또 It으로 시작하는 다음과 같은 문장을 접하는 경우에도

It's not a good idea to talk back to your parents.
부모님께 말대꾸하는 것은 좋지 않다.

It's a great idea to help out around the house.
집안일을 돕는 건 좋은 일이다.

어른들은 어떤 생각이 좋은 생각인지 아닌지를 말하려면 **It's a good/bad idea to** ~와 같은 패턴을 쓰면 된다고 받아들이지 못하고, 문법 시간에 배운 가주어 it과 진주어 to 부정사를 떠올리는 것이 보통이다.

이런 어른의 고집을 버리고 어린이가 영어를 받아들이듯 자연스레 영어를 익힐 수 있다면 좋다. 그러나 실제로 어린이의 학습 과정을 그대로 어른에게 적용하기는 매우 어렵다. 어른은 있는 그대로 흡수하기 어렵다는 점을 전제로 하고 그 전제 하에서 현실적인 방법을 찾아야 한다.

뒤에서 더 설명하겠지만, 필자는 어른의 영어 훈련에서는 '짝짓기'가 가장 효과적인 방법이라고 생각한다. '짝짓기'란, 사과—**apple**, 이렇게 단어와 단어를 짝짓는 것이 아니라

'이 사과의 원산지는 중국이다' ─┬─ This apple is from China.
　　　　　　　　　　　　　　├─ This apple came from China.
　　　　　　　　　　　　　　└─ This apple was grown in China.

와 같이 문장과 문장 혹은 더 나아가 상황과 문장을 짝짓는 연습을 말한다. 어른은 모국어인 한국어의 역할을 중시하며 영어를 익혀 나가야 한다.

KEY TAKEAWAYS

어른이 영어를 익히는 방법과 어린이가 영어를 익히는 방법은 같을 수 없다. 어른은 모국어를 매개로 영어를 익히는 방법을 궁리해야 한다.

타인의 신화나 성공담에 현혹되지 말자

우리는 영어 공부와 관련해 전설적인 얘기들을 많이 접한다. 다음과 같은 얘기들이다.

예1

난 그저 영어가 좋았다. 어떻게든 영어를 잘 하고 싶었다. 그래서 미친 듯이 영어공부에 매달렸다. 닥치는 대로 읽고 듣고 외우고, 거의 매일 영어 공부만 하다시피 했다. 그 결과 외국인도 인정하는 영어 능력을 갖추게 되었고, 결국 장학금을 받고 외국 유학길에 올랐다. 외국에서도 내 영어실력에 감탄하는 영향력 있는 외국인을 은인처럼 만나 지금은 대학에서 영어를 가르치고 있다.

예2

난 영어를 정말 싫어하고 못하는 사람이었다. 집안이 이민을 가면서 외국 생활이 시작되었는데, 영어를 못한다는 이유로 멸시받고 무시를 당해 이를 악물게 되었다. 학비를 벌기 위해 아르바이트를 하면서도 바쁜 시간을 쪼개 영어를 열심히 익혔고, 나중에는 미국에서 태어난 친구들보다 더 영어를 잘하게 되었다.

예3

나는 순수 국내파다. 외국에 나가 본 경험도 없다. 하지만 국내에서 영어를 잘하기 위해 정말 안 해 본 것이 없다. 매일 영자신문의 사설을 외우다시피 했고, 각종 영어 백일장이며 영어 말하기 대회 등에도 빠짐없이 참가하고 정말 부단한 노력을 기울였다. 내가 가장 많이 듣는 질문 중 하나는 미국 어디서 살다 왔냐는 것이다. 나는 웬만한 해외파보다 영어를 더 잘한다는 말을 듣는다.

예4

나는 영어를 좋아하지 않는 사람이었다. 그다지 내세울 스펙도 없는 나로선 취업을 위해 높은 영어 점수가 필요하다고 생각했다. 그때부터 이를 악물고 영어시험 공부에 매달렸다. 단어장을 만들어 들고 다니면서 자투리 시간마다 외웠고, 유명 강사들의 강의도 빠짐없이 들었다. 그 결과 만족할 만한 점수를 얻을 수 있었고, 취업에도 많은 득을 보게 되었다. 내게 새로운 기회를 열어 준 영어시험에 대해 고맙게 생각하고 있다.

이렇게 스스로 열심히 공부할 수 있다면 좋겠지만, 이런 식의 영어 정복기는 대부분의 학습자에게 현실적으로 도움이 되지 못한다. 나는 나만의 공존법을 찾아야 한다. 내 언어 생활의 어느 정도를 영어에 할애할 수 있을까, 수십 년 동안 영어와 함께 살아갈 현실적인 방법은 무얼까를 고민해야 한다.

근사한 공부 방법에 현혹되지 말자

영어 능력, 특히 말하기 능력을 향상시키기가 어렵다 보니 그만큼 다양한 영어 학습 방법들이 시중에 알려져 있다. 그러나 근사해 보이는 방법일수록, 그래서 그 방법을 통하면 실력이 정말 급격히 향상될 것 같은 느낌을 주는 방법일수록 실천하기가 힘들다. 꾸준히 할 수만 있다면 도움이 되겠지만, 근사하게 들려도 실제로 실천하기 힘들거나 큰 도움이 되지 않는 방법들을 소개해본다.

1. 영어 소설 읽기

필자는 학부에서 영어영문학을 전공했는데, 커리큘럼의 대부분이 영국과 미국의 시와 소설을 읽는 것으로 채워져 있었다. 어떤 교수님은 문학 작품을 읽으면서 배운 영어와 신문과 잡지를 보면서 배운 영어는 다르다며, 문학 작품을 통해 영어를 배워야 한다는 말씀을 하셨다. 필자는 이 생각에 반대한다. 현실적으로 국내파가 영어 소설, 그것도 고전 명작의 의미를 정확히 알고 거기 쓰인 표현을 자기 것으로 만드는 일은 거의 불가능하다. 현재 쓰이는 영어와 동떨어진 영어를 접한다는 면에서 위험한 일이 될 수도 있다. 소설에 등장하는 근사한 문장을 접하기 전에 평범한 원어민이 쓰는 일상적인 표현부터 익혀야 한다. 영어 능력이 어느 수준에 오른 후에 길고 복잡한 소설에 도전하는 것은 좋다. 하지만 웬만한 수준에 다다르지 않는 한 매우 어려운 일이다.

2. 섀도잉(shadowing)

스피킹 능력 향상을 위해 많이 거론되는 방법이다. 그림자(shadow)가 사물을 따라 다니듯이 원어민의 영어를 그대로 따라간다는 의미에서 나온 말로, 영어 방송을 틀어 놓고 그대로 따라 하는 것을 일컫는다. 효과적인 방법일 수도 있겠으나, 필자의 경험으로는 매우 재미가 없고 실제로 도움도 되지 않는다. 많은 표현이 내 머리와 입을 스쳐 간다고 해서 그것이 내 것이 되는 건 아니다. 단 50개라도 내가 자신 있게 쓸 수 있는 표현을 입에 붙이고 잘 응용하는 것이 중요하다. 잘 따라 한다고 해서 문장을 만들어 내는 응용력이 발전하는 것도 아니다. 이 방법 역시 조금 하다 포기하거나 피로감만을 느낄 가능성이 높다.

3. 혼자 말하기

영어가 어느 정도 수준에 오를 때까지 혼자 공부한 후 원어민과 의사소통을 시작하겠다고 생각하는 사람들이 많이 시도하는 방법이다. 거울

을 보며 말해 보라고 말하는 사람도 있지만 별로 효과적인 방법은 못 된
다. 물론 말을 이어 나가는 연습은 될 수 있다. 하지만 말하기 능력을 발
전시키려면 외부로부터의 자극이 가장 중요하다는 점을 기억해야 한다.
외부로부터의 자극은 곧 원어민과의 의사소통을 뜻한다. 원어민 앞에서
무안을 당하는 상황을 회피하려는 심리까지 작용해서 이 방법을 선택한다
면, 효과가 더욱 없을 것이다.

4. 통암기

좋은 글이나 연설 등을 통째로 외운다는 의미에서 통암기라고 한다.
네댓 줄 되는 단락을 외울 수도 있겠지만 몇 페이지에 달하는 긴 글을 외
워야 한다고 주장하는 사람도 있다. 만일 좋은 문장을 통째로 기억하는 일
을 계속 할 수 있다면 영어 실력이 발전할 것은 분명하다. 외국어 능력이
반복적인 암기로 발전하는 것은 틀림없는 사실이다. 그러나 그 길이 꼭 통
암기여야 할 이유는 없다. 완벽하게 암기하려면 많은 노력이 필요하다.
그 과정은 매우 고통스러울 것이고, 그런 고통스러운 과정을 끝까지 참아
내는 것은 매우 어려운 일이다. 흥미를 느끼는 내용이라 해도 모든 문장과
단어를 똑같이 암기하는 것은 여간 힘든 일이 아니다.

쉬워 보이는 것부터 하자

반면 별로 효과가 없을 것 같고 뻔해 보이는데도 실제로는 효과가 큰 방법들이 있다.

1. 원어민과 전화영어

필자는 원어민과의 전화 영어를 강력 추천한다. 많은 전화 영어 업체가 있는데, 되도록 필리핀 선생님보다는 미국이나 캐나다 선생님과 연결해 주는 업체를 선택하는 것이 좋다. 보통 하루 10분이거나 격일로 20분 동안 짧게 연습할 수 있도록 되어 있어 '얼마나 도움이 되겠어'라고 생각하기 쉽지만, 그렇지 않다. 처음에는 전화 영어 업체에서 짜 놓은 프로그램대로 자기소개나 취미 등 기초적인 주제만을 다루기 때문에 너무 쉽다고 생각할 수도 있다. 그러나 레벨이 올라가면 다양한 얘기를 나눌 수 있고, 무엇보다도 원어민 선생님과 친해지면 스스로 토픽을 정하는 것도 가능해진다. 전화 영어 업체에서는 좋아하지 않겠지만, 친해진 선생님과 아예 업체를 끼지 않고 일대일로 영어 공부를 진행할 수도 있다. 결제는 페이팔과 같은 개인간 결제 서비스를 이용하면 된다.

전화 영어의 효과를 극대화하려면 다음을 기억하자.

- '하루에 단 한 개의 표현만 확실히 입에 붙이겠다'와 같이 현실적인 목표를 정한다.

- 최소한 6개월 이상 꾸준히 해야 한다. 모든 영어 능력은 제자리걸음을 하는 것 같으면서 발전한다는 점을 잊지 말자.
- 수업을 미리 준비할 필요는 없다. 하지만 전화를 끊고 난 후 내가 저지른 가장 큰 실수는 무엇이었는지, 더 잘 표현하는 방법은 없었는지 생각하는 시간은 반드시 있어야 한다.

오랫동안 같이 연습한 원어민 선생님이 있다면, 본인이 원하는 방향으로 대화의 주제와 방향을 끌고 나갈 수 있다. 원어민 선생님에게 제안할 때 쓸 수 있는 영어 문장들을 34페이지에 소개해 두었다.

2. EBS나 각종 영어 교육 채널의 프로그램을 꾸준히 듣기

TV나 라디오의 영어 회화 방송 하나쯤은 꾸준히 구독하는 것이 좋다. EBS 라디오나 TV 혹은 케이블에 좋은 영어 회화 방송이 많이 있고 월간지 형식으로 교재도 출간된다. 교재도 그리 비싸지 않은 편이다. 필자도 EBS에서 제공하는 영어 회화 프로그램을 꾸준히 반복 연습한 것이 가장 큰 도움이 되었다.

말하기 능력을 발전시키려면 소리내어 읽는 연습을 꼭 해야 한다. 혼자서 소리내어 책을 읽는 것은 어색하니, EBS 방송을 보며 자막을 소리내어 읽는 것으로 대신할 수 있다. 라디오 프로그램이라면 방송을 들으면서 교재를 읽으면 된다. 처음에는 쓰여 있는 문장을 읽는다는 느낌으로 시작하고, 익숙해지면 내가 그 문장을 말한다는 느낌으로 자연스럽게 읽어 보면 좋다. 보이는 대로 기계적으로 읽는 것과 정말 말한다는 느낌으로 생각하며 읽는 것에는 큰 차이가 있다. 내가 말한다는 느낌으로 읽어야 그 문장은 내 것이 된다.

3. 쉬운 영어책 보기

정보를 습득하기 위해서가 아니라 말하기 능력을 발전시키기 위해서라면 되도록 쉬운 글로 쓰여 있는 책을 보는 것이 좋다. 아이들을 위해 준비된 쉬운 원서들이 많다. 예를 들어 최근 많이 알려진 **Diary of a Wimpy Kid**(윔피 키드)는 쉬운 구어체 영어를 익힐 수 있는 좋은 자료다. 아니면 줄거리를 이미 알고 있는 내용을 쉬운 영어로 읽어 보는 것도 좋다. 가령 소설 같은 경우 원문 그대로인(**unabridged**) 버전 외에 축약(**abridged**) 버전도 존재한다. 아마존 같은 사이트에서 **abridged**를 키워드로 검색해 보면 많은 책들이 나오는데, 전자책으로 구입하면 더 저렴하다. 미리 알고 보는 원서이므로 이미 알고 있는 내용이 어떻게 영어로 표현되는지 자연스럽게 공부할 수 있다는 장점이 있다.

4. 영어 자막과 함께 영화 보기

요즘은 미드로 영어공부를 하는 사람이 많기 때문에 자세히 설명할 필요는 없을 것 같다. 영화나 미드의 **DVD**를 구입해서 먼저 우리말 자막을 통해 내용을 이해하고 그 다음에는 영어 자막을 보며 표현을 익힌다. 궁극적으로 우리말이나 영어 자막 없이 원어로 들으면서 내용을 이해하게 되는 것이 목표다. 경우에 따라 수십 번을 반복하는 과정을 거쳐야 하므로 반복 학습을 버텨낼 수 있을 만큼 흥미롭고 애착이 가는 작품을 선택해야 한다. 개인적으로는 미드보다 영화를 추천하고 싶은데, 영화의 경우 두 시간 정도 분량만 소화하면 되고 다양한 주제를 접할 수도 있기 때문이다. 뒤에 더 얘기하겠지만 영어 자막으로 영화를 보는 것은 리스닝뿐 아니라 읽기 능력의 향상에도 많은 도움이 된다. 영화가 진행되는 속도에 맞춰서 빨리 읽는 연습을 할 수 있기 때문이다.

KEY TAKEAWAYS

통암기나 섀도잉 같은 근사한 영어 공부법에 현혹되지 말자. 당장 실천할 수 있는 쉬운 방법부터 시도해 보자. 특히 전화 영어 서비스를 활용해 보자.

전화 영어 수업 때 쓸 수 있는 문장들

● 교재에 의존하지 말고 프리토킹을 하자고 할 때

Can I make a suggestion about our class? Would it be alright for me to choose the discussion topic instead of using a textbook?
수업에 대해 제안 하나 해도 되나요? 교과서를 쓰지 않고 토론 주제를 내가 직접 골라도 될까요?

Can I suggest something? Could I choose the discussion subject instead of following a textbook?
제안 하나 할까요? 교과서를 따르지 않고 내가 토론 주제를 골라도 될까요?

I have an idea. Could I pick our discussion topic rather than using what's in the textbook?
생각해본 게 있는데요. 교과서에 있는 주제를 활용하지 않고 내가 토론 주제를 선택해도 될까요?

● 일주일에 한두 번은 커리큘럼을 따르지 말자고 할 때

Let's talk freely once or twice a week away from the curriculum.
일주일에 한두 번은 커리큘럼을 벗어나 자유롭게 얘기해 봅시다.

Let's have a conversation once or twice a week without using the textbook.
일주일에 한두 번은 교과서를 활용하지 말고 대화해 봅시다.

A few times a week, let's just talk about topics outside of the textbook.
일주일에 몇 번은 교과서 밖의 주제를 얘기해 봅시다.

Let's discuss things that aren't in the textbook once or twice a week.

일주일에 한두 번은 교과서에 없는 것들을 토론해 봅시다.

● 내가 말하면서 저지르는 실수를 바로 고쳐 달라고 할 때

Would you please correct me immediately whenever I make any serious mistakes?

큰 실수를 저지르면 즉시 고쳐 주시겠어요?

If I make a mistake, could you tell me immediately?

실수를 저지르면 즉시 말해 주시겠어요?

Please stop me as soon as I make a mistake.

실수가 있으면 바로 제 말을 중지시켜 주세요.

Could you tell me right away if I make an error?

잘못을 저지르면 바로 말해 주시겠어요?

● 특정 분야, 예를 들어 과학에 대한 표현을 좀 더 집중적으로 연습했으면 좋겠다고 할 때

Can we focus on science and learn expressions about the field more specifically?

과학에 집중해서 좀 더 구체적인 표현을 배울 수 있을까요?

Could we learn terms specifically related to science?

특히 과학에 관한 용어들을 배울 수 있을까요?

I'd like to learn some specific science-related words.
과학에 관련된 구체적인 용어들을 배우고 싶습니다.

● 회사를 통하지 않고 개인적으로 레슨이 가능하냐고 물을 때

Can I pay you directly and continue our classes without using agency's system?
회사의 시스템을 이용하지 않고 직접 레슨비를 지불하면서 계속 수업할 수 있나요?

Can I pay you directly and continue our classes without going through the agency?
회사를 통하지 않고 직접 레슨비를 지불하면서 계속 수업할 수 있나요?

Can we take out the middleman and continue our classes? I can pay you directly.
중간에 끼어 있는 회사를 무시하고 수업을 계속할 수 있을까요? 제가 직접 레슨비를 지불하면 되잖아요.

이미 자기 영어는 있다

다시 시작하지 말자

영어 교재 제목 중에는 '다시 시작하기'라는 말이 붙은 것들이 많다. 학창시절이 지났지만 뒤늦게라도 영어 공부의 필요성을 느끼는 사람들에게 어필할 수 있는 타이틀이기는 하지만, 꼭 '다시' 시작해야 할 이유는 없다. '다시'라는 말 속에는 그동안 내가 해 왔던 것들을 모두 부정하는 의미가 들어 있다.

어려서부터 외국 생활을 경험하거나 의사소통 중심으로 영어를 배운 경우가 아니라면 대부분 입시 공부를 하면서 영어의 기초를 다져 왔기 마련이다. 이 사실을 부정할 필요는 없다. 입시 공부로 기억하고 있는 최소한의 영어를 바탕으로 이제부터라도 정말 필요한 영어를 쌓아 나가면 된다.

다시 시작하려 할 필요가 없다. 다시 시작하기보다 더 중요한 것은 내가 알고 있는 것을 어떻게 응용하느냐 내지는 확대하느냐다. 앞으로 계속 언급하겠지만 영어 공부란 결국 '자기 영어'를 꾸준히 쌓아 가는 과정이다. 기존에 쌓여 있던 것들을 무너뜨리고 다시 쌓을 필요가 없다.

왕초보도 자기 영어는 있다

영어 실력이 어느 수준에 도달해야만 의미가 있다고 생각하는 경향이 있다. 그리고 스스로 어느 정도 준비가 되기 전까지는 영어로 의사소통하는 것을 두려워한다. 하지만 최소한 알파벳이라도 알고 있다면 이미 영어를 알고 있는 사람이다. 알파벳을 익히고 apple, mother와 같은 기본적인 단어를 익히는 순간, 나는 이미 '자기 영어'를 갖게 된 셈이다.

영어 공부란 결국 자기 영어를 차곡차곡 쌓아 나가는 과정이다. 하지만 많은 학습자들이 자기 영어를 쌓아 나간다는 생각을 하지 않고 점수 몇 점을 받거나 어학연수 다녀오는 것 등을 목표로 삼는다. 토익 900점을 넘기고도 자기 영어가 있다는 자신감을 갖지 못한다. 그저 주어지는 문제를 잘 풀게 되었다는 사실에 만족해한다.

자기 영어가 있다고 생각하고 자기 영어에 자신감을 지닌 사람은 영어 공부도 요령 있게 한다. 어떤 새로운 표현을 알게 되었다면 그것을 기존의 자기 영어와 대조해 보고 자기 영어에 편입한다. 내게 불필요한 표현이라면 "모르는 표현이 또 나오다니" 하고 스트레스를 받을 필요 없이 그냥 버리면 된다. 그건 자기 영어가 될 인연이 아니기 때문이다.

자기 영어를 생각하는 사람은 자신의 부족함도 주체적으로 판단한다. 영어로 말하는 것이 어렵다고 막연히 생각하지 않고, 문장을 만들지 못하는 이유가 표현을 모르기 때문인지 아니면 문장의 구조 자체를 만들어내지 못하기 때문인지 생각해 본다. 예를 들어, 아무리 영어 공부를 안 했던 사람이라도 **My name is Kim**. 정도는 할 줄 안다. **My name is Kim**.이라는 자기 영어에 자신감을 지니면, **My smartphone is broken**(내 스마트폰이 고장 났다).도 결국 말할 줄 알게 된다. 두 문장의 구조는 같으므로, 스마트폰이 고장 났다는 말을 하지 못하는 이유는 표현을 모르기 때문이라고 스스로 판단할 수 있다. 이 예에서는 **broken**이라는 단어가 생각나지 않았기 때문일 확률이 높다. 그렇다면 단어와 표현을 기억하는 방식으로 연습을 하면 된다. 반면

I had my game ID hacked.
나 게임 아이디 해킹당했어.

의 경우에는 좀 다르다. 단어가 생각나지 않아서가 아니라 문장 구조를 몰라서 표현하지 못하는 것일 수 있다. 문법적으로 분석을 하자면 위 예문은 문장의 5형식 중 제5형식에 해당하는 문장으로 **game ID**는 목적어, **hakced**는 목적보어다. 그리고 game ID와 동사 hack의 관계가 주어와 동사의 관계가 아니라 '아이디를 해킹하다'와 같이 동사와 목적어의 관계이므로 **hacked**처럼 과거분사형으로 써야 한다. 이렇게 문법적으로 분석하는 일이 번거롭다면 동사 **have**로 '~라는 일이 누구에게 일어났다'거나 '누가 ~라는 일을 당했다'라는 의미를 표현할 수 있다고 이해하고 넘어가도 좋다. 그렇게 동사 **have**가 들어가는 문장의 구조를 이해했다면

I had my wallet stolen. 나 지갑 도둑맞았다.
I had my car repaired. 내 차 수리했다.

와 같은 문장도 같은 구문을 활용하여 표현할 수 있게 된다.

 우리 모두는 초, 중, 고 과정을 거치며 자기 영어를 지니게 되었다. 누구에게는 부실한 것일 수도 있고, 누구에게는 내실 있는 것일 수도 있지만, 자기 영어가 없는 사람은 없다. 자기 영어를 확대하고 발전시키는 과정이 바로 영어 공부의 과정임을 명심하자.

KEY TAKEAWAYS

누구에게나 '자기 영어'가 있다. 왕초보도 자기 영어가 있다. 자기 영어를 발전시키는 것이 영어 공부다.

자기 영어를 발전시켜 나가기

 자기 영어라는 기준이 생기면 어렵게 보이는 것을 단순화하는 능력도 생기게 된다.
 예를 들어 나는 다음과 같은 말은 영어로 표현할 수 있다.

- 할 수 있는 표현: 나는 ~을 먹었다

I ate chicken this morning.

하지만 다음과 같은 표현은 어렵다.

- 할 수 없는 표현: 나는 ~의 생각을 반박했다
I refuted his point. (나는 그의 논점을 반박했다.)

하지만 두 문장의 구조는 같으므로 내가 할 수 없던 말 '나는 ~의 생각을 반박했다'는 연습을 통해 내가 할 수 있는 말의 범주로 끌어들일 수 있게 된다. 이렇게 내가 할 수 있는 말의 범주로 끌어들인 이후에는 **I told him his ideas were wrong**(그에게 잘못 알고 있다고 말했다). 혹은 **I proved that he was wrong**(그의 생각이 잘못되었다는 것을 보여주었다).처럼 전혀 다른 문장 구조와 표현을 활용해서 같은 생각을 표현하는 데에도 관심을 갖게 된다. 한 가지 방식을 익히고 나면 표현 방식을 다양화하는 데 관심을 갖게 된다는 뜻이다.

예를 하나 더 들어보자.

- 할 수 있는 표현: 그는 잘생겼다
He is good-looking.

- 할 수 없는 표현: 그는 조울증이 있는 사람 같다.
He is bipolar.

이 경우에도 두 문장의 구조는 같으므로 할 수 없는 말 **He is bipolar**. 를 할 수 있는 말의 범위로 끌어들이는 일은 어렵지 않다.

이렇게 자기 영어에 자신감을 갖고, 자기 영어의 범위를 넓혀 나가겠다고 생각할 때 표현력도 효과적으로 발전할 수 있다. 이 '자기 영어 발전시키기'는 난이도가 높은 문장이나 표현을 만났을 때에도 얼마든지 적용할 수 있다. 예를 들어 뉴스에 등장하는 다음과 같은 단락을 보았다고 하자.

Hallyu - the Korean term for the popularity of South Korean pop-culture abroad - continues to spur the fashion and tourism industries. The meteoric success of last year's K-drama "My love from the Star" boosted sales of luxury items and cosmetics adorned by lead actress Gianna Jun. For one, a neon orange lipstick by AmorePacific's beauty brand Laneige sold out in countries including China and Singapore.

(출처: www.cnbc.com)

한국 대중 문화의 인기를 가리키는 한류가 계속해서 패션과 관광 산업을 견인하고 있다. 작년 "별에서 온 그대" 드라마가 엄청난 성공을 거두어, 주연 배우 전지현이 드라마에서 선보인 명품과 화장품의 매출이 급증했다. 일례로 아모레 퍼시픽의 뷰티 상품 브랜드 라네즈의 밝은 오렌지색 립스틱은 중국과 싱가포르 등에서 매진되었다.

각자의 필요에 따라 어떤 사람은 **boosted the sales of luxury items and cosmetics**(명품과 화장품의 매출을 끌어올리다)를 자기 영어로 받아들일 수도 있고, 또 어떤 사람은 **sold out in countries including**

〈영어 표현의 바다에서 허우적대는 사람〉

〈자신감을 갖고 자기 영어를 쌓아가는 사람〉

China(중국 등의 나라에서 매진되다)를 자기 영어로 받아들일 수 있다. meteoric success(엄청난 성공)라는 표현이 눈에 띄는데, meteoric은 유성을 뜻하는 meteor의 형용사형으로, 화려한 별똥별이 순간적으로 나타나듯이 갑작스럽게 성공하는 모습을 표현하는 말로 쓰인다. 근사한 표현을 좋아하는 사람이라면 기억하고 넘어갈 것이고, 그렇지 않은 사람이라면 그냥 버리고 넘어가도 좋을 것이다.

    자기 영어를 생각하며 영어를 대하는 사람은 모르는 표현이 나올 때마다 기억해야 한다는 부담감에 사로잡히지 않는다. 반면 자기 영어를 생각할 줄 모르는 사람은 새로운 표현이 나올 때마다 부담감을 느끼고 결국 영어에 대한 흥미를 잃는다. 모르는 표현의 홍수 속에서 헤매지 말고 이것이 자기 영어가 될 수 있는지 없는지를 스스로 판단할 줄 아는 사람이 되자.

이해보다 표현이 어려운 것은 당연하다

독해는 잘하는데 말은 잘 못하는 이유도, 듣기는 되는데 말은 잘 안 되는 이유도, 스피킹 연습을 해도 응용력이 안 생기고 같은 말만 반복하게 되는 이유도 사실은 모두 같다. 이해할 수 있는 영어의 범위보다 실제로 구사할 수 있는 '자기 영어'의 범위가 좁기 때문이다. 사실 이건 모국어도 마찬가지다. 이해할 수 있는 한국어의 범위보다 내가 구사하는 한국어의 범위는 더 좁다.

우리는 수능 영어에 대비하기 위해 다양한 분야의 영어 지문을 읽는다. 또, 토익 점수를 위해 비즈니스 영어 표현을 많이 익힌다. 결국 읽어 본 적이 있고 접해 본 적이 있는 영어 표현의 범위는 꽤 넓은 셈이다. 즉, 내가 이해할 수 있는 영어의 범위는 넓다. 한국 사람들이 읽는 것은 잘하는데 쓰기와 말하기는 힘들다고 할 때, 그 말은 결국 내가 이해하는 영어의 범위가 꽤 넓다는 의미다. 그런데 왜 스피킹의 범위는 넓혀 나가지 못하는 걸까.

그 이유는 이해하는 영어의 영역에 있는 말들을 자기 영어, 내가 구사하는 영어의 영역으로 끌어오지 못하고 있기 때문이다. 자기 영어의 영역으로 끌고 오는 표현이 많아야 하는데 이해하는 영어의 범위만을 자꾸 키우기 때문이다. 그 상황을 다음 그림과 같이 표현할 수 있다.

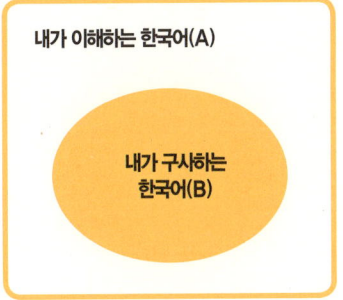

B의 크기가 A보다 작아도 큰 불편을 느끼지 못함

- B의 범위를 최대한 넓혀 A 영역이 없어지도록 하는 것이 목표
- C의 범위를 최대한 넓혀 B 영역과 같아지도록 하는 것이 목표
- 한국인들은 C가 B보다 현저히 작음

KEY TAKEAWAYS

이해하는 영어의 범위가 구사하는 영어의 범위보다 넓은 것은 당연하다. 둘 사이의 간격을 줄이는 것이 영어 학습의 목표다.

내가 쓰고 싶은
표현부터 기억하자

과감히 버리자

　영어 공부를 하면서 '어떤 표현을 기억해야 할까' 하는 의문이 생긴다. 물론 중요한 표현, 원어민이 많이 쓰는 표현을 기억해야 한다. 하지만 영어 실력이 뛰어나지 않다면 어떤 표현이 중요한지 스스로 알아내기가 힘들다. 그래서 기초 수준일 때에는 누군가가 알려주는 것을 기억해야 한다. 그러나 시간이 지나면, 그래서 자기 영어가 어느 정도 쌓이면 스스로 선택할 수 있게 된다. 아주 높은 단계에 도달해야만 그렇게 할 수 있는 것은 아니다.
　선택은 곧 '버리기'다. 과감하게 버릴 줄 아는 사람이 잘 선택하는 사람이다. 영어 공부도 마찬가지다. 영어 능력이 쉽게 발전하지 않는 데에는 버릴 것을 버리고 자신에게 진짜 필요한 것을 골라내는 능력이 부족한 이유가 있다.
　내가 무슨 텍스트를 접하건, 거기에는 항상 많은 단어와 표현이 있다. 그 많은 표현들 중에서 내가 써 볼 표현을 추려 낼 때에는 과감하게 버리는 능력이 필요하다.

내가 원하는 것을 알아야 버릴 수 있다

예를 들어 다음과 같은 표현을 봤다고 가정하자.

I can't figure out this problem. Do you want to **take a stab at it**?
이 문제 나는 못 풀겠어. 네가 한번 해볼래?

take a stab at은 한번 시도해 본다는 뜻을 지닌다. 좋은 표현이고 활용도 역시 높다. 그런데 만약 이미 같은 뜻을 지닌 give it a try라는 표현

〈여러 종류의 표현 저장고가 있어야 한다〉

을 알고 있는 사람이라면 둘 중에 하나를 버릴지, 함께 기억하고 활용할 것인지는 본인이 판단할 문제이다. 새로 접한 표현을 별로 활용하고 싶지 않다는 결론에 도달했다면 굳이 기억할 필요 없이 버려도 좋다. 이렇듯 현명하게 버리려면 자신이 무엇을 원하는지 알고 있어야 한다. 나에게 어떤 영어가 필요한지 알고 있어야 한다.

KEY TAKEAWAYS

쓰고 싶고, 쓸 수 있는 표현부터 기억하겠다는 생각으로 영어 표현을 받아들여야 효과적으로 학습할 수 있게 된다.

범용 단어와 범용 표현을 개발하자

말하기와 쓰기 연습을 하면서 우리는 모든 우리말에 대응하는 영어 단어가 존재한다고 생각하기 쉽다. 하지만 그렇지 않다.

예를 들어 뭔가 불편한 느낌을 표현해야 한다고 치자.

거북하다, 메스껍다, 부자연스럽다, 곤란하다, 난처하다, 거추장스럽다

등 많은 우리말 단어가 있지만 그에 해당하는 영어 단어를 일일이 기억하는 것은 불필요하다. 위와 같은 불편한 느낌은 **uncomfortable**이라는 범용 단어를 활용하겠다고 생각하면 된다. 실제로 위에 나온 우리말은 모두

uncomfortable로 표현할 수 있다. 이렇게 비슷한 우리말들을 두루 커버할 수 있는 범용 단어를 생각해 둔 후에, 좀 더 세세하게 표현하고 싶다면 disturbing이나 awkward, distressing, upsetting, cumbersome, inconvenient, uneasy, embarrassing, intolerable, troublesome, unpleasant, unwieldy와 같은 단어를 활용하겠다고 생각하면 된다. 특히 명사가 아닌 형용사, 부사, 동사는 우리말과 일대일로 대응하는 단어를 찾는 것이 무의미한 경우가 많다.

영어로 내 생각을 표현할 때, 국내파들은 우리말이 먼저 떠오르고 그 우리말을 영어로 전환하는 과정이 불가피하다. 만일 '그거 진짜 메스껍게 만든다'라는 우리말이 떠올랐다고 치자. '메스껍다'에 해당하는 영어가 바로 생각나지 않는다고 해서 스피킹이 지연되어서는 안 된다. 만일 uncomfortable이라는 범용 단어를 지니고 있다면 당황하지 않고 That makes me so uncomfortable.이라고 하고 싶은 말을 할 수 있다.

또, 어떤 사람이 호감을 준다고 말하고 싶다면 amicable, approachable, good-natured, good-tempered, nice, sweet, sociable, extraverted, outgoing, familiar, intimate, affectionate, loving와 같은 다양한 표현들이 존재한다. 하지만 우선 friendly 을 범용 단어로 기억하고 유사한 단어들은 차차 익혀 나가겠다고 생각하면 된다.

영어 공부란 이렇게 많은 주제와 카테고리에 대해 범용 표현과 추가 표현을 기억하는 과정이라고 볼 수도 있다. 표현이 꼭 '단어'일 필요는 없다. 상황에 맞는 범용 '문장'일 수도 있다.

예를 들어 어떤 것이나 사람이 싫다는 말은 다음과 같이 다양하게 할 수 있다.

That's so annoying.
참 짜증나게 하네.

I can't take this anymore.
더 못 참겠어.

It's driving me crazy!
정말 미치게 만드는군.

I'm sick and tired of ~.
~라면 진짜 신물이 나.

I can't put up with this any longer.
더 이상 못 참겠어.

I've had it up to here!
더 이상 못 참을 지경이야.

I'm fed up with ~.
~라면 지겨워.

I can't stand it anymore.
더 이상 못 참겠어.

I'm bugged by ~.
~때문에 짜증 나.

That's one of my pet peeves.
그거 내가 진짜 싫어하는 거야.

He's getting under my skin.
그 사람 정말 신경 거슬리게 한다니까.

His voice rubs me the wrong way.
그 사람 목소리는 진짜 귀에 거슬려.

이 중에서 **That's so annoying.**을 범용 문장으로 기억해 두고, 좀 더 뉘앙스를 추가하고 싶다면 다른 표현들을 활용하겠다고 생각해 두면 된다.

이렇게 의사소통의 단골 주제들에 대해 범용 문장/단어를 기억하는 작업을 해 보자. 예를 들어 내가 누구와 잘 어울리지 않는다고 할 때 **We don't get along.**이라는 문장을 범용으로 기억하고, 잘 어울린다는 뜻을 지닌 **compatible** 혹은 그 반대말 **incompatible**을 활용한 **He and I are not compatible with each other.** 혹은 **We are incompatible.**을 추가 문장으로 기억할 수 있다.

어떤 음식이 맛있다고 할 때는 **delicious**라는 단어를 범용으로 기억하고 **scrumptious**, **mouthwatering**(입에 침이 고이게 하는)을 추가 표현으로 기억할 수 있다.

내가 영어로 자주 말하게 될 주제에 대해 일단 범용 단어, 표현, 문장을 정하고 기억하는 작업부터 해 보자. 처음에는 표현보다 그 주제가 다양할수록 좋다. 일단 범용 단어, 표현, 문장이 만들어진다는 점이 중요하다. 우리에게 스피킹이 난감한 이유는 범용 표현이라는 기초가 부족하기 때문이라고 생각해도 좋다.

KEY TAKEAWAYS

여러 상황에 두루 적용될 수 있는 단어와 표현, 문장부터 기억해야 한다.

Word

단어와 함께 살아가기

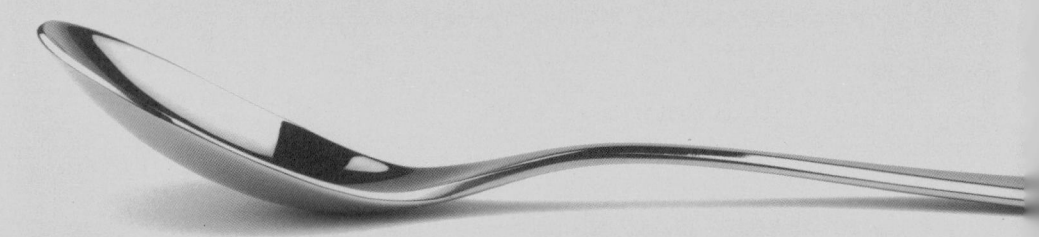

학창시절의
방법들

잘못된 단어 학습법

이 책을 보는 독자 거의 모두가 연습장에 영어 단어와 그 뜻을 열심히 쓰면서 단어를 외웠을 것이다. 스펠링이 틀린 단어를 찾는 문제에 대비하려면 영어 단어의 스펠링을 정확히 아는 것이 중요했던 이유도 있었을 것이다. 이렇게 소위 '깜지'를 만들면서 단어를 외우는 방법은 과연 효과적일까? 종이에 단어와 뜻을 반복적으로 쓰면서 잘 기억할 수도 있겠지만, 깜지 만들기는 공부를 하는 듯한 느낌만 드는 무의미한 반복이 될 가능성도 있다. 들이는 시간과 노력에 비해 효과는 미흡할 수도 있다는 말이다.

단어장을 만드는 것도 마찬가지다. 단어장을 다시 펼쳐 복습을 한다면 의미가 있겠지만, 대개 학생들은 만드는 데만 만족하고 잘 펼치지는 않는다. 학창 시절에도 그러했는데, 성인이 된 지금 영어 단어를 이렇게 기억하자는 말은 현실성이 떨어진다.

앞으로 더 설명하겠으나, 필자가 생각할 때 가장 좋은 단어 기억법은 단어의 대략적인 모양과 정확한 소리를 기억하는 것이다. 쓰면서 외울 필요가 없다. 처음부터 철자 하나까지 철저히 기억하겠다는 생각으로 단어를 익히지 말고, 그 단어의 전체적인 모양과 정확한 소리를 연결지어 머릿속에 담아 두면 된다. 단어를 외웠다면, 그 단어를 생각해볼 때 정확한 원어민 발음이 먼저 떠올라야 한다. 각종 포털 사이트에서 제공하는 영한사전은 원어민의 발음을 들려준다. 반복 청취 기능도 있으므로, 새로 접한 단어는 원어민 발음을 반복해서 듣고 정확한 소리를 기억하자.

시험을 위한 효과적 방법

필자도 입시를 준비하면서 단어를 외우기 위해 다양한 방법을 동원해 봤는데, 그중 가장 효과가 있었던 것은 새로 나온 단어를 그 페이지의 여백에 뜻 없이 적어 두는 방식이었다. 이렇게 하면 책의 페이지를 넘기면서 적어 놓은 단어만 보고도 무엇을 공부했는지 바로 알 수 있어 효율적이다.

〈단어 암기 방법의 한 예〉

뜻을 적어 놓지 않더라도 그 단어가 등장한 문장을 바로 찾을 수 있기 때문에 문맥에서 단어 뜻을 기억하는 효과도 거둘 수 있다. 시험에 대비하느라 교재로 영어를 공부하는 독자들에게는 이 방법을 권장하고 싶다.

KEY TAKEAWAYS

시험에 대비하든 실용 영어에 중점을 두든, 단어는 종이에 쓰며 외울 필요가 없다.

영한사전의 역할

영한사전을 얼마나 열심히 찾았느냐, 그래서 단어를 얼마나 빨리 찾아낼 수 있느냐가 영어 능력을 측정하는 기준처럼 통하던 때가 있었다. 하지만 인터넷과 스마트폰을 통해 포털 사이트의 사전을 바로 활용할 수 있는 지금에는, 종이 사전을 열심히 찾는 일은 불필요하다. 포털 사이트 영한사전의 원어민 발음 기능을 적극 활용하여 정확한 소리를 기억하는 습관을 들이는 것이 더 중요하다.

단어의 의미는 사전 찾기가 아닌 다른 방법을 통해서도 얼마든지 기억할 수 있다. 만일 수험서에서 어떤 단어를 보았다면, 수험서에 나와 있는 설명을 통해 단어의 의미를 기억할 수 있다. 해당 지문의 해석을 보면서 단어의 의미를 뽑아 내어 기억할 수도 있다.

그러니 종이 사전 찾기를 게을리한다고 해서 죄책감을 느낄 필요는 없다. 어떤 식으로든 단어의 의미만 기억하면 된다. 그 출처가 꼭 종이 사전

이어야 할 이유가 없다. 사전을 찾아 정확한 뜻을 확인하는 작업보다 더 중요한 것은 그 단어가 쓰인 문장과 단락을 눈여겨봐서 어떤 맥락에서 쓰였는지를 기억하는 일이다.

기초적인 어휘력은
있어야 한다

수단과 방법을 가리지 않고 기억하기

단어를 기억하는 가장 좋은 방법은 반복이다. 다만 앞에서 설명했듯이 반복적인 쓰기가 아니라 반복적인 듣기를 통해 기억해야 한다. 소리를 통해 기억해야 효율적으로 기억할 수 있고, 오래도록 기억할 수 있다.

하지만 아는 단어가 2000-3000 개에도 미치지 못하는 수준의 어휘 실력이라면 일단 어떻게든 많은 단어의 뜻을 기억하는 일이 중요하다. 단어의 의미만 기억하는 데 그치지 않고 그 단어를 활용해서 표현할 줄 알게 되는 것이 궁극적인 단어 학습의 목표지만, 이 단계에서는 의미부터 알아야 한다. 그리고 단어 암기에 도움이 된다면 어떤 방법이든 시도해 보는 것이 좋다.

특히 이 단계의 학습자들에게는 영어 단어의 발음을 우리말 뜻과 억지로 연결 지어 기억하는 방법도 효과가 있다. 예를 들어 세탁물을 뜻하는 laundry라는 단어가 있다면, 이 단어의 발음이 [런드리]이므로 '밀린 빨래를 하루 종일 했더니 넌더리가 났다'라는 문장에 억지로 대입해서 그 의미

를 기억하는 식이다. 즉,

빨래에 '넌더리'가 나다 – 넌더리 – [런드리] – laundry

이렇게 우리말과 영단어 발음을 연결 지어 억지로라도 연상할 수 있도록 기억하는 것이다. 유치해 보일 수도 있겠지만, 기초를 다지는 데 도움이 된다면 이런 방법을 외면할 필요가 없다. 시중에 이와 같은 암기법을 소개하는 책도 나와 있으니 관심 있는 독자들께서는 확인해 보시길 바란다.

바람직한
단어 기억법

가장 이상적인 단어 학습

단어 학습의 궁극적인 목표는 그 단어를 활용해서 내가 문장을 만들 수 있는 단계에 도달하는 것이어야 한다. 내가 쓸 수 있어야 한다는 말이다. 이 말은 내가 쓸 일이 없을 것 같은 단어는 그냥 버리고 가는 자유를 누려도 좋다는 뜻도 된다. 특히 어려운 글이나 신문 기사, 잡지를 읽으면 글쓴이가 뭔가 멋을 부리기 위해서 일부러 쓴 단어들이 눈에 들어오는데, 일단 전체적인 내용을 파악했다면 이런 단어들은 과감히 버려도 좋다. 그러려면 무엇을 버려도 좋을지 스스로 판단할 줄 알아야 하고, 스스로 판단하려면 자신의 생각을 영어로 표현하겠다는 의지가 있어야 한다. 자신이 어떤 영어를 원하는지 알고 있어야 한다. 단어 학습에 있어서도 역시 '자기 영어'의 중요성을 강조할 수밖에 없는 이유다.

KEY TAKEAWAYS

우리말 뜻을 아는 단계를 넘어, 실제로 문장을 만들 수 있어야 어떤 단어를 제대로 외웠다고 할 수 있다.

소리와 모양을 기억하자

단어를 기억할 때는 반드시 소리를 기억해야 한다. 어떤 알파벳이 어떤 소리를 낸다는 법칙을 기억하라는 뜻이 아니다. 포털 사이트에서 제공하는 사전을 활용하여 정확한 발음을 들어야 한다. 앞서 설명한 대로 쓰면서 외울 필요는 없다. 새로운 단어가 나왔을 때 그 단어의 소리를 기억하면서 그 모양을 살펴보고 의미를 생각하면 된다. 그것으로 충분하다. 어떤 단어를 외웠다면 눈을 감고 스펠링이 아니라 그 단어의 소리를 떠올려 보자. 소리가 머릿속에 떠오르지 않는다면 단어를 잘못 외운 것이다.

단어의 소리만 정확히 기억하면 그 소리에 해당하는 우리말 뜻을 연결

〈영어 단어를 외우는 바람직한 과정〉

짓는 것도 생각보다 어렵지 않다. 보통 깜지를 만들면서 단어를 암기하면 우리말 뜻도 여러 번 반복해서 적거나 동그라미를 치며 외우는데, 그럴 필요가 없다. 정확한 소리를 알고 있다면 우리말 뜻은 쉽게 연결 지을 수 있다. 재차 강조하지만 단어의 의미는 문맥에서 기억하는 것이 가장 이상적이다. 모르는 단어만 뽑아 내어 기억하지 말고 그 단어가 들어간 문장 전체 혹은 단락 전체를 다시 보겠다는 생각으로 접근해야 한다.

정확한 소리에 익숙해진다면, 소위 '강세'에 민감해질 필요도 없다. 원어민의 발음을 들으면 자연히 해결될 문제다. 우리가 학창시절에 배운 강세 원칙 중에는 실제로 잘 지켜지지 않는 것들도 많다. 예를 들어 **fifty**는 강세가 앞에 오고 **fifteen**은 강세가 뒤에 간다고 배웠지만, 실제로 **fifteen**을 발음할 때 앞에 강세를 두거나 **fif-**와 **-teen**을 모두 강하게 발음하는 원어민도 많다.

스펠링은 생각보다 중요하지 않다

영어는 한국어와는 달리 한 철자가 다양한 소리를 낸다. 그래서 문자만 보고는 어떤 표준화된 소리를 낼 수가 없다. 예를 들어 **ou**의 경우 **house**에서는 [아우] 소리가 나지만 **could**에서는 [우]로 발음된다. **route**의 경우 [루트]라는 발음으로 익숙하지만, 미국인들 중에는 [라우트]라고 발음하는 경우도 많다. 이렇게 같은 철자가 단어에 따라 다르게 발음이 되고 법칙이 없어 보이기 때문에 스펠링을 일일이 기억하는 수고를 해야 한다.

미국에는 스펠링 비(spelling bee)라는 일종의 콘테스트가 있는데, 스펠링이 복잡한 단어의 철자를 누가 얼마나 정확히 아느냐를 겨루는 대회다. 그만큼 원어민들에게도 영어 단어의 철자를 정확히 기억하는 것은 쉬운 일이 아니다. 미국 부통령이 초등학교를 방문하여 potato의 철자를 potatoe라고 잘못 적어 망신을 산 경우도 있다.

그런데 스펠링이 중요하다고 해서 스펠링을 일일이 종이에 쓰면서 단어를 외워야 하는 것은 아니다. 우리는 정확한 스펠링만으로 어떤 단어를 판별해 내지 않는다. 이전에 자주 접한 경험으로 머릿속에 남은 이미지나 모양을 떠올려 어떤 단어인지 판별해 낸다. 예를 들어 '실수'를 뜻하는 mistake를 mitsake라고 써도 우리는 이해하고 넘어간다.

인터넷에서 다음과 같은 내용이 화제를 모은 적이 있다. 철자가 모두 틀린 단어만으로 문장을 써도 영어에 익숙한 사람이라면 바르게 읽을 수 있음을 보여 주는 예다. 어떤 단어의 시작과 끝 철자만 맞으면 우리는 문맥에 따라 스펠링이 틀린 단어를 보고도 어떤 단어인지 유추할 수 있다. 결국 사람들은 생각보다 정확한 스펠링에 주의를 기울이지 않는다는 뜻이다.

> I cnduo't bvleiee taht I culod aulaclty uesdtannrd waht I was rdnaieg. Unisg the icndeblire pweor of the hmuan mnid, aocdcrnig to rseecrah at Cmabrigde Uinervtisy, it dseno't mttaer in waht oderr the lterets in a wrod are. The olny irpoamtnt tihng is taht the frsit and lsat ltteer be in the rhgit pclae. The rset can be a taotl mses and you can sitll raed it whoutit a pboerlm. Tihs is bucseae

the huamn mnid deos not raed ervey ltteer by istlef, but the wrod as a wlohe. Aaznmig, huh? I awlyas tghhuot slelinpg was ipmorantt! See if yuor fdreins can raed tihs too.

↓

I couldn't believe that I could actually understand what I was reading. Using the incredible power of the human mind, according to research at Cambridge University, it doesn't matter in what order the letters in a word are. The only important thing is that the first and last letter be in the right place. The rest can be total mess and you can still read it without a problem. This is because the human mind does not read every letter by itself, but the word as a whole. Amazing, huh? I always thought spelling was important! See if your friends can read this too.

내가 읽고 있는 것을 이해할 수 있으리라고 생각하지 못했다. 캠브리지 대학교의 연구에 의하면, 인간의 놀라운 지력 덕분에 어떤 단어의 글자 배열 순서는 중요하지 않다고 한다. 중요한 것 단 한 가지는 단어의 첫 글자와 마지막 글자가 제 자리에 있는가이다. 나머지 글자가 뒤죽박죽이어도 문제 없이 읽을 수 있다. 이것은 우리 인간의 머리가 모든 철자를 하나하나 읽는 것이 아니라 단어 자체를 전체적으로 읽기 때문이다. 놀랍지 않은가? 난 항상 스펠링이 중요하다 생각했는데. 여러분의 친구들도 이 글을 읽을 수 있는지 확인해 보라.

KEY TAKEAWAYS

스펠링을 철저히 기억하는 것보다 생생한 원어민 발음을 기억하는 것이 더 중요하다.

단어가 저장되는 뇌구조

영어를 효과적으로 구사하기 위해서는 단어를 체계적으로 저장할 필요가 있다. 잘 넣어 두어야 나중에 효과적으로 꺼내 쓸 수 있는 수납장 정리와 마찬가지다. 하지만 영어에 우리말 뜻을 연결해서 머릿속에 꾸역꾸역 넣어 두는 것이 보통이다. 이 방법으로 단어를 기억하면 단어를 봤을 때 우리말 의미가 무엇인지는 알 수 있지만, 어떤 말을 하고 싶을 때 영어가 입에서 바로 튀어 나오는 경험은 하기 힘들다. 많은 영어 단어를 알고 있음에도 정작 표현을 하려고 하면 정해진 단어만 반복해서 쓰게 되는 데에는 이런 이유가 있다.

영어 단어에 우리말 뜻 하나를 대응해서 저장하지 말고, 그 단어가 어떤 의미의 범주에 들어가야 하는지도 기억해야 한다. assume이라는 단어를 예로 든다면, '가정하다'라는 뜻을 지니므로 '생각하다' 계열의 think, consider 등과 함께 기억하는 식이다. 그리고 '생각하다'에 관한 단어 그룹에는 그 그룹을 대표하는 단어가 하나 있어야 한다. '생각하다' 계열에서는 think가 대표 단어가 될 만하다. 이것을 앞서 설명한 대로 '범용 단어'라 정하고, 새로 기억한 assume과 연결 지어 놓는다. 그리고 가능하다면 어떤 상황에서 think가 아니라 assume을 쓰는 것이 좋은지 그 정보까지도 함께 기억해 둔다.

꼭 그렇게 복잡한 과정을 거쳐 단어의 뜻을 기억해야 하냐고 반문하는 독자도 있을 것이다. 그러나 이 과정은 보기만큼 복잡하지 않다. 기초를 벗어나 어느 정도 단어를 기억하고 있는 사람이라면, 이와 같은 방법으로 단어를 저장하는 일도 생각보다 쉽게 할 수 있다.

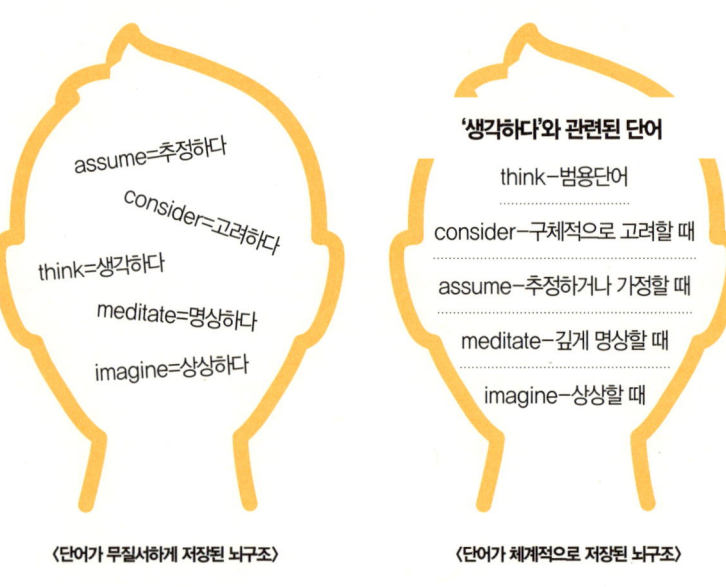

〈단어가 무질서하게 저장된 뇌구조〉　　〈단어가 체계적으로 저장된 뇌구조〉

단어에 등급을 두지 말자

대부분의 참고서들은 난이도에 따라 단어에 등급을 두고 있다. 포털 사이트의 영한사전도 이 단어는 중학 수준의 단어, 이 단어는 고등 수준의 단어, 이런 식으로 단어마다 난이도를 표시하고 있다. 그러나 실용적인 영어 구사 능력을 계발하기 위해 단어를 외운다면 그런 구분을 충실히 믿고 따를 필요가 없다.

예를 들어 **tailor**는 '양복 만드는 사람', '재단사'를 뜻하는 중학 수준의 단어다. 그렇다면 다음 예문을 보자.

One of our company's strengths is that we can have our products tailored to the customer's needs.
우리 회사의 장점 중 하나는 고객의 니즈에 맞추어 상품을 생산할 수 있다는 것입니다.

Please have the schedule tailored to our plans.
일정을 저희 계획에 맞추어 주십시오.

tailor를 동사로 활용하면 우리말 '맞춤식'을 표현할 때 쓰는 쉽지 않은 단어가 된다. 특히 비즈니스에서 고객의 니즈에 부합한다는 말을 할 때 자주 등장한다. 이런 쓰임은 중학 수준이라고 보기 어렵다. **tailor**는 쉬워 보이지만 쉬운 단어가 아닌 셈이다.

반대로 어려워 보이지만 어려운 단어가 아닌 경우도 있다. 예를 들어 내 질병이나 건강 상태를 설명해 주는 단어는 아무리 어려워 보여도 어려운 단어가 아니다. 가령 천식이 있는 사람의 경우를 생각해 보자. 자신의 건강 상태를 누군가에게 말해야만 할 상황이 생길지도 모르니 천식에 해당하는 영어 단어는 기억해 두는 편이 좋다. 이 경우 천식을 뜻하는 **asthma**는 어려운 단어이니 몰라도 된다고 말할 수 있을까? 그렇지 않다.

어떤 단어가 어렵다는 생각은 문제 풀이를 위해, 시험 영어를 위해 존재했던 기준들에서 비롯한 편견이다. 길고 복잡하다고 해서 어려운 단어가 아니고 짧고 쉬워 보인다고 쉬운 단어가 아니다. 자신에게 필요한 단어와 상대적으로 불필요한 단어만이 있다고 구분하는 것이 맞다. 꼭 기억하고 쓸 만한 단어가 있고, 의미만 적당히 이해하고 넘어갈 단어가 있다.

어려운 단어와 쉬운 단어를 구분하는 학습법의 더 큰 문제는 심리적인 영향이다. 즉, 쉬운 단어와 어려운 단어의 구분에 너무 민감해지면, '어려워 보이는' 단어가 나왔을 때 몰라도 된다고 생각하기 쉽다. 그러나 앞서 설명한 대로 자신의 언어 생활을 위해 필요한 단어라면 어려워 보여도 기억해야 한다.

KEY TAKEAWAYS

단어의 난이도를 따지는 태도는 어려워 보이는 단어를 기억하지 않으려는 핑계로 이어지기도 한다.

우리말과 잘 대응하지 않는 단어가 더 많다

단어를 외운다는 것은 그 단어의 의미를 기억하는 것이다. 그런데 그 단어가 명사인가 동사인가 형용사인가에 따라 단어를 외우는 자세가 달라져야 한다. 즉, 내가 처음 본 단어가 사물의 이름인가 동작을 묘사하는 말인가 아니면 나의 느낌이나 인상을 표현하는 말인가에 따라 단어의 의미를 기억하는 방식이 달라야 한다는 말이다. 사물의 이름이라면 정확히 대응하는 우리말이 있다. 동작을 묘사하는 말이라면 우리말과 영어의 쓰임이 다르다고 느낄 때가 많을 것이다. 느낌이나 인상을 묘사하는 경우라면 정확히 대응하는 우리말이 없다고 느낄 때가 더 많을 것이다.

명사의 경우에도 우리나라 환경에서는 흔히 볼 수 없는 식물이나 동물의 이름이라면 우리말 대응어가 매우 생소하다. 예를 들어 **rodent**를 사전에서 찾으면 '설치류'라고 나오는데, 사실은 '쥐'를 일컫는 조금 어려운 말로 쓰이는 경우가 대부분이다. 또, 미국인에게 익숙한 **blue jay**(큰어치), **robin**(개똥지빠귀), **cardinal**(홍관조)이라는 새와 **lupine**(루핀), **yucca**(유카)라는 꽃은 우리에게 생소하게 들린다. 반대로 우리에게 개나리는 아주 익숙하지만 **forsythia**가 어떤 꽃인지 아는 원어민은 별로 없을 것이다.

추상적인 개념도 마찬가지다. **justice**(정의), **courage**(용기)와 같은 개념은 익숙하지만, 예를 들어 **initiative**라는 추상적인 개념은 우리말로 표현하기가 쉽지 않다. 먼저 시작한다는 뜻인 **initiate**에서 나온 명사인데, 어떤 일을 개시하는 '발의'나 '계획'을 뜻하기도 하고, 나아가 '주도권'이나 '진취적인 태도'를 의미하기도 한다. 영한사전에 나오는 정의도 매우 다양하고 사전마다 다른데, 이 단어를 우리말로 표현하는 일이 얼마나 어려운지를 잘 보여준다. 그냥 '이니셔티브'라고 말하는 경우도 많다.

형용사의 경우에는 대응어를 찾기가 더욱 힘들다. **disturbing**이라는 단어는 보는 사람을 불편하게 하는 영화나 이야기를 일컬을 때 활용할 수 있는 단어인데, 우리말 한 단어로 정의 내리기가 쉽지 않다. 문맥에 따라 '역겹다'도 되고 '불편하다'도 되며 '싫다'가 될 수도 있다.

이렇듯 우리말과 일대일로 대응하지 않는 영어 단어가 많다는 사실을 염두에 두자. 경우에 따라서는 언제 쓸 수 있는 단어인지 상황만을 기억해 두는 것으로도 충분하다. 앞서 설명한 **disturbing**의 경우 억지로 의미를 기억하려고 하지 말고, '불편하게 만드는 영화 장면이나 이야기를 말할 때 쓰겠다' 정도만 기억해 두는 것도 요령이다. 번역이 목적이라 가장 가까운 우리말을 생각해 내야 한다면 그 때 사전을 찾아봐도 될 일이다.

특히 형용사와 부사는 이 단어를 언제 써 볼 수 있을까 상상하는 것만으로도 의미를 기억했다고 여겨도 좋다. 그렇게 하면 단어의 진짜 의미를 더욱 잘 기억할 수 있을 뿐 아니라, 단어 공부 자체가 스피킹과 작문에도 도움을 주게 된다.

KEY TAKEAWAYS

딱 맞아떨어지는 우리말 대응어가 없는 영어 단어가 많다. 특히 형용사와 부사는 더욱 그렇다.

Phrase

숙어와 함께 살아가기

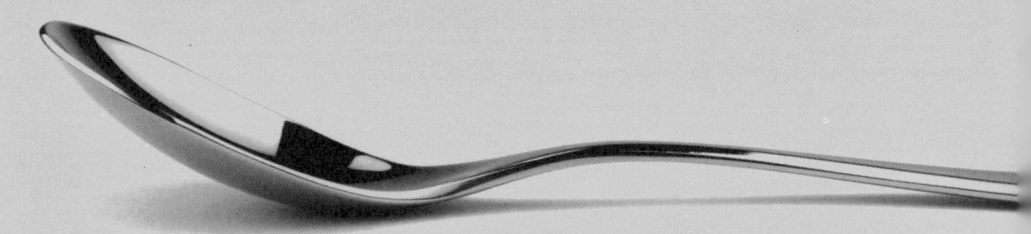

숙어라는
말을 쓰지 말자

구(句), 구동사, 관용 표현은 다르다

우리는 학창시절에 단어 이외에 '숙어'에 대해 배웠다. 숙어란, 여러 단어가 모여 개별적인 단어의 의미와는 다른 의미를 지니게 되는 표현을 일컫는다. 예를 들어 'give up = 포기하다', 'in front of = ~의 앞에', 하는 식으로 숙어를 공부한 기억이 누구에게나 있을 것이다. 단어만큼 숙어도 열심히 외워야 한다는 말도 많이 들어 봤을 터다.

그런데 여러 단어의 묶음으로 쓰이는 표현들을 뭉뚱그려 부르는 이 '숙어'란 명칭은 사실 별로 정확한 표현이 아니다. 이어서 설명하겠지만, give up은 '구동사'라고 표현하는 것이 맞고 in front of는 '전치사구'라고 해야 맞다. 그리고 숙어는 구성하고 있는 개별 단어들의 합과는 다른 의미를 지니게 된다고 생각하기 쉬운데 이 또한 옳지 않다.

give는 '주다'이고 up은 '위로'라는 뜻을 지닌다. 우리말에서는 '주다 + 위로 = 포기하다'라는 등식이 성립하지 않기 때문에 give up의 의미 '포기하다'를 따로 외워야 하는 것처럼 말하지만 실은 그렇지 않다. 우리말 '위로'는 '아래로'의 반대말일 뿐 그 이상 아무런 의미를 지니지 않지만, 영어의 **up**은 다르다. 원어민들은 **up**을 통해 위로 움직이는 방향을 연상하기도 하지만, 어떤 것이 다 끝나 버리거나 완결되거나 철저해진다는 의미도 연상한다. 사실 **up**이 지닌 그런 의미는 우리도 충분히 유추할 수 있다. 그러므로 **give up**은 위로 준다는 뜻이 아니라 '다 줘 버린다', '내게서 완전히 떠나게 해 버린다', 즉 '포기한다'라는 뜻이 된다. 여러 단어가 묶여 새로운 의미를 지니는 것처럼 보이지만 실은 개별 단어의 의미가 모두 살아있는 채로 합해지는 것일 뿐이다.

관용 표현도 마찬가지다. 예를 들어 **keep up with the Joneses**는 '남들 하는 것을 다 하려 하다' 정도 의미로 쓰이는데, 직역을 하면 '존스씨네 가족(**the Joneses**)을 따라 잡다(**keep up**)' 혹은 '존스씨네 가족과 보조를 맞추다'라는 뜻이다. 흔히 볼 수 있는 성(姓) **Jones**를 활용해서 이웃이나 주변사람을 지칭한 표현이므로, 왜 그런 뜻을 지니게 되었는지를 이해하는 것은 크게 어렵지 않다. 관용 표현이야말로 비유 방식만 이해하면 오히려 쉽게 기억할 수 있다.

KEY TAKEAWAYS

여러 단어가 모여서 전혀 새로운 뜻을 지니는 경우는 별로 없다. 개별 단어의 의미를 지닌 채로 합해지는 것일 뿐이다.

구동사란 무엇인가

구동사를 많이 쓰자

구동사는 동사 뒤에 **up**, **in**, **out**, **on**, **down** 등의 단어가 붙어 앞의 동사에 어떤 의미를 더하는 동사 묶음 정도라고 생각하면 된다. 구동사를 많이 쓰는 것이 영어의 특성이지만, 국내파들은 구동사의 의미를 정확히 이해하고 빈번히 활용하기 힘들다. 그 이유는 구동사를 구성할 때 자주 등장하는 **up**, **in**, **out**, **on**, **down**와 같은 단어의 의미와 관련이 있다.

앞서 설명한 **up**의 경우처럼 단어 하나에 의미 하나만을 떠올리기 때문이다. 그러나 **up**, **in**, **out**, **on**, **down**와 같은 단어는 위치나 방향, 시점을 표현하는 기본 뜻 이외에 국내파로선 이해하기 힘든 세세한 뉘앙스가 담긴 파생된 의미도 지니고 있다. 가령 **up**의 반대인 **down**은 '아래로'라는 의미만 지닌 것이 아니라 깊이 있게 아래로 들어가듯 '세분한다'는 의미도 지닌다. 그래서 **break down**이라고 하면 세세히 구분한다는 뜻도 된다. 노래 가사 같은 데 많이 나오는 **check it out**이라는 말도 마찬가지다. 기본적으로 체크해 보라는 뜻이지만 **out**이 붙어서 한번 해 보라는 의미 혹은 철저히 해보라는 의미를 나타낸다.

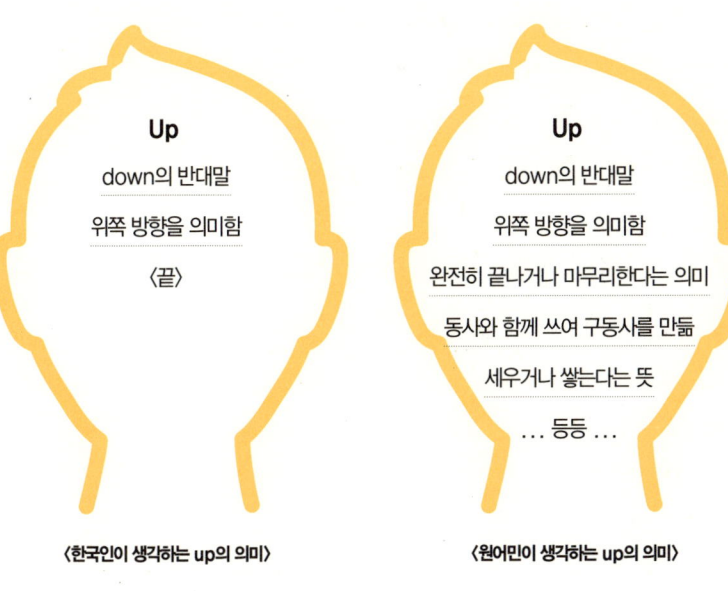

〈한국인이 생각하는 up의 의미〉   〈원어민이 생각하는 up의 의미〉

up, in, out, on, down 등의 의미

　up, in, out, on, down와 같은 단어는 짧고 뜻도 간단하므로 쉬운 단어라고 생각하기 쉽다. 그러나 이런 단어들은 절대 쉬운 단어가 아니다. 우리말에 빗대어 설명하자면, 조사나 어미의 의미를 정확히 파악하기 힘든 것이나 마찬가지다. '철수가 학교에 간다'와 '철수는 학교에 간다'의 의미는 다르다. 보조사 '는'을 쉽다고 생각하는 외국인이 있을까?

구동사 중에는 쉽게 의미를 이해할 수 있는 것들도 있다. 다음과 같은 구동사는 우리에게 익숙하고 의미도 쉽게 이해할 수 있다.

What do I need to **check in** at the hotel?
호텔에서 체크인할 때 뭐가 있어야 하나요?

반면 아래처럼 어려운 말도 구동사를 활용해서 표현할 수 있다. 그리고 원어민들은 이렇게 구동사를 활용해서 표현하기를 좋아한다.

We shouldn't **factor out** the boss' opinion.
사장님의 의견이라는 요소를 배제해서는 안 된다.

구동사를 구성하는 데 필요한 up, in, out, on, down 등의 단어에는 우리가 생각하는 이상의 의미가 담겨 있다.

▶ **up**: 위쪽을 향한다는 기본 의미에서 파생되어 '위로 완전히 올라가도록', '완전히', '완결'을 뜻한다.

완전히 하거나 끝내거나 마무리한다는 의미
Bill quickly **ate up** all the food, leaving nothing for his little sister's dinner.
빌은 모든 음식을 다 먹어 버리고 여동생이 먹을 것은 하나도 남기지 않았다.

Our customer base has **dried up** over the last few months.
지난 몇 달 동안 고객층이 다 말라 버렸다.

세우다, 가운데에 높이 쌓다

The freshman advising team **set up** the orientation workshop for incoming students.
신입생 환영 팀은 새로 들어올 학생들을 위한 오리엔테이션 워크숍을 마련했다.

We **gathered up** our trash before leaving the picnic area.
우리는 소풍 갔던 장소를 떠나기 전에 쓰레기들을 다 모았다.

▶ in : '안으로'라는 기본 뜻에서 파생하여 '있어야 할 자리에 두다', '맞추다'라는 뜻을 표현한다.

기입하다

You can **write in** your contact information on this sheet.
이 종이에 연락처를 기입하시면 됩니다.

제자리에 있다, 부품을 맞게 끼워 넣다

Would it be possible to **fit** me **in**?
시간 좀 내 줄 수 있으세요?(나를 당신의 일정에 끼워 넣어 줄 수 있으세요?)

I just have to **fit** this last part **in**.
이 마지막 부품을 맞춰 넣어야 합니다.

▶ **out** : '밖으로'라는 기본 뜻에서 파생하여 '밖으로 다 나오도록', '완전히', '끝까지'라는 뜻을 지닌다.

시장에 나오다

When does the next magazine issue **come out**?
그 잡지 다음 호는 언제 나오나요?

의식이 없는

He was **knocked out** by the last punch.
마지막 주먹에 KO되었다.

끝까지, 완전히

Please **hear** him **out** before expressing your opinion.
당신 의견을 말하기 전에 그의 의견을 마저 다 들으세요.

Let them **fight it out** between themselves.
그 사람들끼리 끝까지 싸우게 내버려 둬.

▶ **on** : '~위에'라는 기본 뜻에서 파생하여 떨어지지 않고 계속 붙어 있는 모습을 표현하거나 '계속하여'라는 의미를 지닌다.

(쉬지 않고) 계속하여

If you're looking to improve your English skills, **read on**.
영어 능력을 향상시키고 싶으면 계속 읽으세요.

Don't mind me. Please **carry on** with your work.
저 신경쓰지 마시고 계속 일하세요.

▶ **down** : '아래로'라는 기본 뜻에서 파생하여 '써 내려간', '깊이 있게', '세세하게'라는 의미를 지닌다.

세세히 구분하거나 나눈

Let me **break down** the numbers into five categories.
수치를 다섯 개 범주로 나누겠습니다.

종이나 명단에 적어 둔

Were you able to **get** that **down**?
그거 받아 적어 놨어?

It's a good habit to **write** everything **down**.
모든 것을 적어 두는 것은 좋은 습관이다.

이렇게 구동사란 up, in, out, on, down와 같은 기본 단어들이 지닌 의미와 동사가 합해져서 만들어지는 것이다. 그러므로 구동사를 정확히 이해하고 빈번히 활용하려면 **up**, **in**, **out**, **on**, **down**와 같은 단어들의 다양한 의미를 정확히 이해해야 한다.

이 밖에 구동사를 만들 때 빈번히 활용되는 **across**, **along**, **around**, **away**, **off**, **through** 등의 단어도 영영사전의 예문을 통해 그 다양한 의미들을 확인해 볼 것을 권한다.

KEY TAKEAWAYS

up, in, out, on, down 등은 우리가 생각하는 것보다 다양한 의미를 지닌다. 그런 의미들이 동사와 합쳐져서 구동사를 만든다.

속담과
관용 표현

수없이 많은 관용 표현

우리말로 '귀가 얇다'고 하면 다른 사람의 말을 잘 믿는다는 뜻이다. 이런 관용 표현은 영어에도 존재한다. 그중에는 우리말과 영어의 사고방식이 동일한 것들도 꽤 된다. 예를 들어 일석이조는 영어로도 **Killing two birds with one stone.** 이므로 동일한 셈이다. 하지만 그렇게 일대일로 대응하지 않는 것들이 더 많다. 예를 들어 영어로 **She put her foot in her mouth by saying that.** 이라고 하면 '그녀가 말실수를 했다'는 뜻인데, 한국어에서는 말실수를 하는 것을 입에 발을 집어넣는 모습에 빗대어 말하지 않는다. 그러므로 이런 표현들은 결국 암기하는 수밖에 없다. 한국어식 사고방식으로는 그 의미를 유추하기 힘든 경우도 있는 셈이다.

그건 우리말을 영어로 표현할 때도 마찬가지다. 예를 들어

가지 많은 나무에 바람 잘 날 없다.
A tree with many branches always sways in the wind.

꿩 대신 닭.
A chicken is chosen instead of a pheasant.

작은 고추가 맵다.
Smaller peppers are spicier.

우리말을 영어로 이렇게 직역을 하면 의미가 통하지 않는다. 잘못 이해할 가능성이 높다.

그만큼 관용 표현은 외울 것이 많지만, 그렇다고 지나치게 부담을 느낄 필요는 또 없다. '가난한 집 제삿날 돌아오듯 한다'처럼 의미를 이해할 수는 있지만 실제로 잘 활용하지 않는 관용 표현들이 우리말에 많이 있듯이, 영어도 마찬가지다. 영어의 관용 표현을 소개한 책들이 많지만 그 어떤 원어민도 거기 있는 관용 표현을 모두 활용하지는 않을 것이다. '무슨 뜻인지는 알지만 나는 이런 표현은 쓰지 않는다'거나 '이 표현은 이제 구식이라 사람들이 별로 쓰지 않는다'고 말하는 원어민이 더 많을 것이다.

그런 의미에서 영어를 외국어로 배우는 국내파는 너무 부담을 지니지 말고 '자기 영어'라는 기준에 맞게 가장 중요한 표현을 기억하고 활용하겠다는 태도를 지니면 충분하다. 모르는 관용 표현이 등장하면 그 의미를 기억하려고 노력하되, 그 활용은 되도록 자제하는 것이 현명한 일이다. 관용 표현을 많이 알게 되더라도 그 쓰임에는 주의해야 한다. 문맥에 정확히 맞게 쓴다면 모르겠지만 자칫 잘못 활용하면 오히려 어색하게 들릴 수도 있기 때문이다.

관용 표현의 일부만 활용

속담의 일부분만이 관용 표현처럼 활용되는 경우도 있다. 예를 들어 Every cloud has a silver lining.이라는 속담이 있는데, '모든 먹구름 안에는 은색으로 빛나는 부분이 있다', 즉 안 좋은 것처럼 보이지만 사실 그 안에 뭔가 좋은 것이 숨어 있을 수도 있다는 의미로 하는 말이다. 이 속담의 한 부분인 silver lining은 '숨어 있는 좋은 것'이라는 의미를 지닌다. 그래서 The silver lining is ~ 라고 하면 '안 좋은 것처럼 보였던 그 일의 좋은 점은 ~이다'라는 말이 된다.

KEY TAKEAWAYS
국내파는 관용 표현을 남발하지 않는 것이 더 안전하다.

궁리가 먼저,
암기는 나중

의미를 궁리해 보기

우리말 '관용어'를 국어 사전에서 찾아보거나 영단어 idiom을 영영사전에서 찾아 보거나, 모두 '개별 단어의 합과는 다른 의미를 지니는 표현'이라는 말이 나온다. 그래서 '숙어는 그냥 암기하는 것이다'라는 생각을 지니기 쉽고, 학창시절에도 그렇게 배웠지만 사실은 그렇지 않다. 개별 단어의 의미와 완전히 무관하게 만들어진 말이 아니기 때문에, 있는 그대로의 의미로부터 실제 의미를 유추해 내는 노력을 먼저 기울여야 한다.

사실, 앞서 설명한 **put one's foot in one's mouth**의 경우에도 우리말에는 그런 사고방식이 없지만 입에 발을 넣는 것을 말실수하는 것과 연관 짓는 이유는 이해할 수 있다. 우리말에 그런 표현법이 없을 뿐이지 얼토당토않은 비유법은 아니다.

궁리해도 모를 때 암기하기

따라서 소위 숙어라고 불리는 구동사, 전치사구, 부사구, 관용 표현 등을 기억할 때에는 개별 단어의 의미를 최대한 존중하면서 이 표현들의 묶음이 왜 이런 의미가 되었는지 충분히 궁리해 보아야 한다. 그렇게 하면 이해할 수 있는 것들이 많다. 아무리 궁리해 보아도 의미를 유추하기 힘들다고 여겨진다면 그때 가서 암기해도 늦지 않다.

Grammar

문법과 함께 살아가기

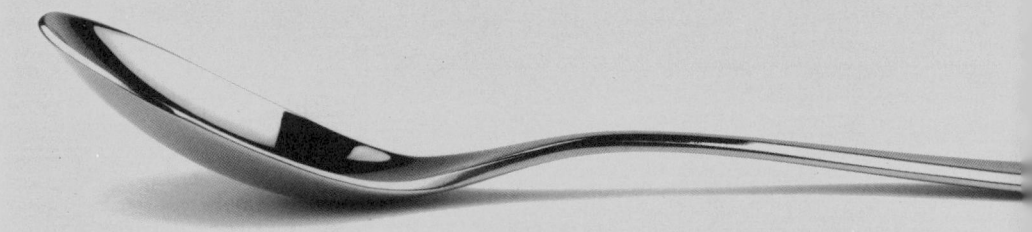

학창시절의
잘못된 문법 교육

문법은 잘못된 문장을 가려내기 위한 도구가 아니다

문법은 영어가 모국어가 아닌 사람들에게 단어와 표현을 운용하는 규칙을 설명해 준다. 단지 주어진 문장을 이해하는 규칙이 될 수도 있지만, 적극적으로 영어 문장을 만들어 내는 요령이 될 수도 있다. 영어와 함께 살아가기 위해, 우리는 문법을 문장을 만들어 내는 방법이라고 좀 더 적극적으로 이해할 필요가 있다. 그렇지만 입시 준비를 하거나 각종 어학 시험을 준비하면서, 문장을 만들어내는 도구가 아니라 잘못된 문장을 가려내는 도구로 문법을 활용하는 것이 현실이다. 예를 들어 둘 중 어떤 것이 맞는지 선택하는 다음과 같은 문제를 접했다고 생각해 보자.

Concerned/concerning about his life after retirement, he has decided to have a second job.
은퇴 후가 걱정되어서, 그는 직업을 하나 더 갖기로 했다.

현재분사와 과거분사 중 어떤 것을 쓰는 것이 맞는지 선택해야 하는 문제인데, 수능뿐 아니라 여러 영어 시험에도 등장하는 유형이다. 무엇에 대해 걱정을 한다고 할 때는 **be concerned about**과 같이 수동형을 쓰므로 분사구문을 만들 때에는 **concerning**이 아니라 **concerned**가 와야 한다.

이 문법 지식을 활용하여 '어떤 사람이 ~이 걱정되어 ~와 같이 생각/행동했다'라는 문장을 수월하게 만들 수도 있을 것이다. 하지만 우리는 **Concerned about** ~으로 시작하는 문장을 만드는 능력보다는 **concerned**처럼 과거분사형을 쓰지 않으면 틀린다는 사실에 중점을 둔다. 그래야 객관식 문제를 잘 풀 수 있기 때문이다.

안 되는 것들의 장황한 리스트

문법을 잘 알아서 나쁠 건 없다. 다만 잘못된 문장을 가려내는 능력을 과도하게 강조하고, 잘못된 문장을 가려내기 위해 수백 개에 이르는 문법 사항을 암기하도록 만드는 것이 문제다. 학창시절에 문법 공부를 열심히 한 사람이라면 다음과 같은 사항을 기억하고 있을 것이다.

- 인성이나 태도를 나타내는 형용사의 경우 **to** 부정사의 의미상 주어를 표시할 때는 **for**가 아닌 **of**를 쓴다.

    It's very kind of you to do that.(o)
    It's very kind for you to do that.(x)

- 사역동사 목적보어 자리의 원형부정사는 수동태로 바뀌면 원형부정사가 아니라 to부정사로 바뀌어야 한다.

  I was made to dance.(o)
  I was made dance.(x)

- 화학적 변화에는 전치사 from을 쓰고 물리적 변화에는 전치사 of를 쓴다.

  This cheese is made from milk.(o)
  This cheese is made of milk.(x)

- 현재완료는 정확한 시점을 나타내는 부사 now 등과는 함께 쓰지 않는다.

  I've finished my homework.(o)
  I've now finished my homework.(x)

- 요구, 제안, 주장 등을 나타내는 동사 다음의 that절에는 should를 쓰거나 should를 생략하고 동사원형을 쓴다.

  He suggested that we take the 8 am train.(o)
  He suggested that we took the 8 am train.(x)

- each other 는 둘 사이에, one another 는 셋 이상에 쓴다.

  Both of us need to support each other during this difficult time. (o)
  Both of us need to support one another during this difficult time. (x)

이런 사항들 중에는 꼭 알고 지켜야 할 것들도 있지만 원어민도 잘 지

키지 않는 것들도 많다. 예를 들어

- **each other** 는 둘 사이에 **one another** 는 셋 이상에 쓴다.

같은 경우는 원어민들조차 의식하지 않거나 지키지 않는 것이다. 예를 들어 세 사람 이상에 대해 **Let's all give each other a round of applause** (모두에게 격려의 박수를 보냅시다).와 같이 each other를 써서 말하는 원어민들도 많다.

이런 리스트들이 너무 강하게 머릿속을 지배하면 의사소통에 오히려 방해를 받을 수도 있다. 예를 들어

- 요구, 제안, 주장 등을 나타내는 동사 다음의 that절에는 should를 쓴다.

라는 사실에 너무 집착하다 보면 **He suggested that we could take the 8 am train.**이라고 말해도 되는데도 should를 뜨거나 동사원형을 써야 한다는 법칙을 어긴 것은 아닌가 하는 과도한 검열에 빠지게 된다. 이렇게 문법적으로 틀리는 것이 아닌가 하는 검열에 신경 쓰는 사이, 자신감은 줄어들고 말은 느려지게 된다. 문법이 정작 의사소통에 방해가 되는 결과를 낳는 것이다.

이런 문제는 특히 스피킹 초보자들에게서 많이 발생한다. 영어로 말하기를 처음 해 보는 사람은 전하고 싶은 내용에 해당하는 영어 표현보다는

학창시절에 열심히 외운 문법 지식이 먼저 떠오르는 경험을 하게 될 것이다. 그래서 말을 뱉어 놓고 다시 고쳐 말하거나, 쉽게 말할 수 있는 것도 문법을 따지느라 매우 천천히 말하는 문제를 겪게 된다. 위의 예에서도 He suggested that we can take the 8 am train.라고 말해도 원어민과의 의사소통에 아무런 문제가 없는데, should 를 쓰거나 동사 원형을 쓰지 않아서 틀렸으므로 다시 말해야 한다는 생각을 하기 쉽다. 문법에 대한 지나친 강조는 이렇게 꼬리가 몸통을 흔드는 결과를 가져올 수 있다.

KEY TAKEAWAYS

문법을 '규칙'이 아니라 문장 만들기에 도움을 주는 '도구'라고 생각해 보자.

5형식은 죄가 없다

흔히 영어를 못하는 이유를 문법 위주의 암기식 교육 때문이라고 말한다. 부분적인 이유는 될 수 있을지 몰라도 그게 전부는 아니다. 앞서 말한 대로 영어와 우리말의 거리가 원래 멀다는 구조적인 이유가 크다.

그리고 영어 문법의 원흉처럼 언급되는 것이 바로 5형식이라는 개념이다. 영어 문장을 동사의 특성에 따라

SV (동사+자동사): He lied.

SVC (동사+자동사+보어): He was a liar.

SVO (동사+타동사+목적어): **He told a lie.**

SVOO (동사+타동사+간접목적어+직접목적어): **He told me a lie.**

SVOC (동사+타동사+목적어+목적보어): **He made himself a liar.**

이렇게 다섯 형식으로 구분하는 5형식 구분법은 항상 비난에 시달린다. 이를 보완하기 위해 6형식이나 7형식을 주장하는 사람도 있다. 하지만 영어라는 낯선 언어의 그 복잡한 문장 구조들을 단 5개만으로 설명할 수 있다면 그야말로 명쾌하고 탁월한 방식이 아닌가. 5형식은 죄가 없다. 우리가 영어 스피킹을 못하는 이유는 객관식 문제풀이가 영어 공부의 전부였기 때문이지 5형식이라는 문법을 배웠기 때문이 아니다. 실제로 5형식은 문장을 만들어 내는 요령을 잘 가르쳐준다.

    이어서 설명하겠지만, 문법이란 결국 정보를 정확하고 경제적으로 결합하기 위해 필요하거나, 정보에 세세한 뉘앙스를 더하기 위해 필요하다. 정보를 잘 결합하여 영어 문장을 만들어 내는 요령으로 5형식 구분법만 한 것은 없다고 필자는 생각한다.

표현을 위해
문법을 생각하자

■ 학창시절 어려웠던 문법

많은 사람들이 학창시절에 가장 이해하기 힘들고 복잡했던 문법으로 다음과 같은 것들을 언급한다.

- 가정법 과거, 가정법 과거 완료, 가정법 미래
- 현재완료와 과거완료
- 조동사의 현재형과 과거형, 시제
- 수동태

이런 문법이 복잡했던 것은, 이 문법을 설명하는 과정이 너무 이론적이고 예문이 실용적이지 못했던 탓이 크다. 의사소통에 직접 활용할 수 있는 문장을 예로 들어 설명한다면 훨씬 쉽게 이해하고 외울 수 있을 것이다.

예를 들어 가정법의 경우 If I were a bird, I would fly to you.라는 문장이 등장하는데, 이런 문장을 실제로 말하게 되는 경우가 과연 얼마나 될까? 또, if절 안에는 무엇이 오고 주절 안에는 무엇이 와야 한다는 규칙 때문에 기억할 내용이 두 배로 많게 느껴진다. 사실 가정법에서 if절 안에 어떤 시제가 오는지는 별로 중요하지 않다.

예를 들어 다음 문장을 보자

Please don't make me angry. You **wouldn't** like me when I'm angry.
제발 내가 화 나지 않도록 해 주세요. 내가 화나면 당신은 나를 싫어할 겁니다.

우리에게 익숙한 캐릭터 '헐크'는 원래 『두 얼굴을 가진 사나이』라는 미국 드라마로 우리에게 처음 알려졌다. 위 예문은 그 드라마의 주인공이 자신을 추적하는 기자에게 간절히 하는 말이다. 그런데 여기 왜 wouldn't like me 라고 would를 썼을까?

우리말에서도 '나는 네가 담배를 끊으면 좋겠어'라고 말하는 것보다 '끊었으면 좋겠어'라고 시제를 과거로 만들면 미세하지만 뭔가 더 진지한 느낌을 주게 된다. 담배를 끊는 것은 미래에 일어날 일일 텐데 과거형으로 말하는 이유가 무엇일까? '그런 일이 설령 일어나기 힘들더라도' 일어나면 좋겠다는 의미가 추가되기 때문이다. 영어도 마찬가지다. 조동사의 과거형을 쓰면 어떤 일의 결과를 상상하거나 그러면 좋겠다는 간절함을 표현한다.

따라서 가정법은 조동사의 과거형이 주는 가정과 간절함, 정중함의 뉘앙스라고 이해하면 된다. if절을 쓰든 You wouldn't like me when I'm angry.처럼 when으로 시작하는 절을 쓰든 그것은 중요하지 않다. 즉 if

절 안에 어떤 시제를 쓸 것인가는 가정법의 핵심이 아니다.

예를 들어 다음과 같은 문장들을 보자.

I wouldn't do that.
Who would eat that?
It could have been a disaster.

위 예문들이 진짜로 의미하는 바는 다음과 같다.

I wouldn't do that.
(그렇게 할 기회가 오거나 가능성이 생기더라도) 나라면 그렇게 하지 않겠어요.

Who would eat that?
그런 것을 먹을 사람이 누가 있겠어? (설령 그런 음식을 주더라도 아무도 먹지 않을 거야.)

It could have been a disaster.
하마터면 재앙이 될 뻔했어. (실제로 일어나지 않아서 다행이지만 큰일날 뻔했어.)

모두 실제 대화에서 빈번히 들을 수 있는 예문들이다. 예문에서 보듯 will이나 can과 달리 would나 could를 활용하면 '설령 ~하더라도', '그런 일이 실제로 일어난다면'과 같은 뉘앙스를 표현하게 된다. 따라서 가정법을 이해하려면 복잡한 문법 용어와 시제 규칙을 기억할 것이 아니라, '설령 ~하더라도', '그런 일이 실제로 일어난다면'이라는 뉘앙스를 담아 말하려면 조동사의 과거형을 활용해야 한다고 기억하면 된다.

큰 문제가 될 뻔했다는 말에 '당신의 도움이 없었더라면'이라는 의미를 추가할 때는

It could have been a disaster if we hadn't had your help.

처럼 if로 시작하는 말을 덧붙이면 된다. 여기서 if we hadn't had your help는 우리가 아는 가정법 과거완료에 맞게 had + pp 형태의 과거완료를 썼지만, if we didn't have your help처럼 단순 과거형으로 말하는 원어민도 많다. 이렇듯 가정법에서는 would, should, could와 같은 조동사의 과거형을 썼을 때 뉘앙스가 어떻게 달라지느냐 하는 문제가 중요하다.

수동태도 마찬가지다. 예를 들어 세종대왕이 한글을 창제했다고 말하는 경우

King Sejong invented Hangul. (능동)
=Hangul was invented by King Sejong. (수동)

이렇게 능동과 수동을 바꿀 수 있고, 두 문장은 능동태와 수동태의 차이일 뿐 근본적인 의미가 없다고 배웠다. 그러나 이 두 문장은 쓰임이 다르다. **King Sejong**으로 시작하는 문장은 말 그대로 세종대왕이 한글을 만들었다는 뜻이지만, **Hangul**로 시작하는 문장은 한글에 대해 설명하는 와중

에 그 한글은 세종대왕이 만들었다는 추가 정보를 알려주기 위해 등장할 가능성이 크다.

예를 들어 한글에 관해 설명하는 다음과 같은 단락이 있다면

> Unlike what most Westerners believe, Koreans do not use Chinese characters for communication. Koreans have their own alphabet named Hangul. **Hangul was invented in 1492 by King Sejong** and a group of scholars.

> 대부분의 서양 사람들이 생각하는 것과 달리, 한국인들은 의사소통을 할 때 한자를 활용하지 않는다. 한국인들은 한글이라고 부르는 고유의 문자를 갖고 있다. 한글은 1492년 세종대왕과 학자들에 의해 창제되었다.

이렇게 한글을 주어로 뽑는 문장이 문맥상 자연스럽다. 하지만

> Foreigners are often curious about the people depicted on Korean money. The figure on the 10,000 won bill is King Sejong. **King Sejong invented Hangul**, the Korean alphabet.

> 외국인들은 한국 화폐에 있는 인물들이 누구인지 궁금해한다. 1만원짜리 지폐에 나오는 인물은 세종대왕이다. 세종대왕은 한국의 문자인 한글을 창제한 분이다.

이렇게 세종대왕이 누구인지를 설명하는 문맥에서라면 **King Sejong**을 주어로 뽑는 것이 자연스럽다. 그러니 두 문장이 같다는 등호는 엄밀히 말하

면 틀리다. 서로 다른 문맥에서 문장을 바꿔 넣었다고 생각해 보라. 어색한 글이 되고 말 것이다.

이렇게, 수동태 문장과 능동태 문장의 쓰임은 주어 자리에 어떤 것을 놓아야 문맥상 더 적절한지에 따라 결정된다. 즉, 그 문장 앞뒤에 어떤 말이 오느냐에 따라 자연스레 정해지는 것이다.

이런 식으로 내가 어떤 문장을 언제 활용할 것인지에 중점을 두어 접근한다면 훨씬 쉽게 문법을 이해할 수 있을 것이다. 문법 역시 이렇게 '표현'과 '자기 영어'라는 잣대를 가지고 받아들일 때 훨씬 쉬워질 수 있다.

negative방식에서 positive방식으로 전환하자

어렵게 느껴지는 문법일수록 내가 실제로 활용할 만한 예문 한두 개를 기억하고 넘어가는 식으로 대처하는 것이 현명하다. 안 되는 것들의 리스트를 나열하는 negative 방식이 아니라 내게 필요한 예문을 기억하는 positive 방식으로 접근해 보자.

KEY TAKEAWAYS
학창시절에 배운 어려운 문법들은, 그 문법을 어떻게 활용해서 문장을 만들 것인가 고민해 보면 쉽게 이해될 수도 있다.

문법의 효용:
정보를 결합하기 위해

정보 결합을 위한 문법의 예

　영어를 실제로 쓰고 말하는 사람에게 중요한 문법의 기능을 필자는 크게 두 가지로 구분하고자 한다. 하나는 정보의 올바른 결합을 위해 필요한 문법이고 다른 하나는 정보를 좀 더 섬세하게 표현하기 위한 문법이다.
　예를 들어 **You is a good singer**.는 문법적으로 틀린 문장이다. **you**에 대응하는 **be** 동사의 현재형은 **are**이기 때문이다. 말하자면 **you**라는 정보와 **singer**라는 정보를 결합해서 문장을 만들 때에는 반드시 동사 **are**을 매개로 해야 한다는 규칙이 있는 것이다.
　이와는 달리 정보를 좀 더 섬세하게 표현하고, 문장에 세세한 뉘앙스를 추가하기 위한 문법의 기능이 있다. 앞서 설명한 조동사의 과거형을 다시 생각해 보면, **Would it be okay to** ~?라고 말하는 것이 **Is it okay** ~?라고 말하는 것보다 더 정중한 느낌을 준다. 즉, 상대방의 의견을 물을 때 '정중함'이라는 뉘앙스를 추가하고 싶다면 '조동사의 과거형'이라는 문법 지식이 필요한 것이다.

정보를 결합하기 위한 문법에는 다음과 같은 것들이 있다.

▶ **문장의 5형식**

문장의 5형식에서 1, 2, 3 형식보다는 4형식과 5형식을 어렵게 생각하는 경향이 있다. 어려워 보이지만, 4형식과 5형식이야말로 경제적인 정보 결합을 위해 중요한 문형이다.

예를 들어 4형식 문장 He gave me ten dollars.를 활용하면 무엇을 주는지뿐 아니라 누구에게 주는지까지 두 가지 정보를 한 번에 경제적으로 표현할 수 있다.

He **gave me ten dollars**.
(나에게 주었다는 정보와 10달러를 주었다는 정보를 경제적으로 결합)

5형식은 앞서 설명한 것처럼 설명의 대상이 무엇인가와 그 대상이 어떠한가 혹은 무엇을 하는가라는 두 가지 정보를 한꺼번에 표현할 수 있는 방법이다.

Employees **expect their bosses to know** more than they do.
직원들은 직장 상사가 자신들보다 더 많이 알 것이라고 기대한다.
(누구에게 기대하는가와 무엇을 기대하는가라는 두 가지 정보를 경제적으로 결합)

▶ 부정사

'사과가 맛있다'처럼 '무엇이 어떠하다'는 정보를 표현할 때 '무엇'에 해당하는 자리에 훨씬 긴 정보가 나와도 to 부정사를 이용하여 효과적으로 결합할 수 있다.

It's very kind of you **to offer** me a ride home.
집까지 태워 주시겠다니 정말 친절하시군요.
('무엇'에 해당하는 자리에 '나를 집에까지 태워다 주는 것'이라는 긴 정보가 와도 to 부정사를 이용하여 효과적으로 표현하고 있다.)

또 '요가를 시작했다'처럼 '무엇을 어떻게 했다'고 말할 때 '무엇'에 해당하는 자리에 긴 정보가 나와도 to 부정사를 이용하면 효과적으로 표현할 수 있다.

Now I begin **to understand** the meaning of "if it ain't broke, don't fix it."
나는 '고장나지 않았으면 고치려 하지 마라'라는 말의 의미를 이제 이해하기 시작했다.

▶ 동명사

'정보 결합'이라는 측면에서 기본적으로 부정사와 쓰임이 같다. 한 단어가 아니라 더 긴 정보를 주어나 목적어 자리에 놓을 때 효과적으로 결합할 수 있게 해 준다.

He stopped **studying** French.
그는 프랑스어 공부를 그만 두었다.

Trying to understand what a baby is communicating can be tiring and frustrating.
아기가 무엇을 말하려 하는지 이해하려 노력하는 것은 지치고 답답한 일이다.

▶ 분사

두 문장을 결합할 때 하나는 주어와 동사가 있는 문장으로 두고, 다른 하나는 분사를 앞세워 결합하면 경제적인 문장을 만들 수 있다.

She was sitting **with her eyes glued** to the smartphone.
스마트폰에 눈을 붙이다시피 하고 앉아 있었다.

반복적으로 쓰이면서 관용화된 표현들도 있다.

Not knowing what to do, he went to his father for help.
어찌할 바를 몰라, 아버지에게 도움을 청했다.

All things considered, it was a successful business trip.
모든 걸 고려해 보면 성공적인 출장이었다.

Having said that, I still think we should continue with our original plan.
그렇게 말은 했지만 나는 여전히 원안대로 진행해야 한다고 생각한다.

having said that은 문맥에 따라 '그래서', '그러므로', '그런데', '그러나' 등 다양한 의미로 이해할 수 있다. 직역하면 '그 말을 이미 했다'인데, 그 말을 이미 '했기 때문'일 수도 있고, '했음에도'일 수도 있고 '했지만'일 수도 있으므로, 다양하게 해석된다.

▶ 관계사

'정보 결합'을 위해 매우 유용한 문법이다. 다음 예문처럼 어떤 한 '단어'에 대한 자세한 정보를 결합하기 위해 활용할 수도 있지만

I know a person **who** can be the perfect fit for the job.
그 자리에 딱 맞을 사람을 알고 있어.
(내가 아는 사람과 그 사람이 어떤 사람인지 두 가지 정보를 결합)

앞서 설명한 예처럼

I try not to eat after 6 pm, **which** is very important for successful weight-loss.
저는 저녁 6시 이후에는 먹지 않으려 노력합니다. 다이어트를 위해 매우 중요하기 때문입니다.
(내가 한 말 전체를 which로 받아 다시 부연 설명하는 정보 결합 방식)

어떤 '문장'에 대한 정보를 추가하기 위해 활용되기도 한다.

▶ 전치사

대상을 구체적으로 지정해 주기 위해, '대상이 무엇인가'라는 정보를 결합하기 위해 붙이는 전치사들이 있다.

I'd like to congratulate you **on** your recent book publication.
최근에 책 출간하신 것 축하드려요.
(무엇에 대해 축하하는지를 추가할 때 붙이는 on)

The manual provides you **with** setup instructions and a troubleshooting section.
그 매뉴얼은 설치 방법과 문제 해결책을 알려준다.
(무엇을 제공하는지 정보를 추가하기 위해 붙이는 with)

▶ 접속사

주어와 동사를 온전히 갖춘 '문장'이라는 정보를 추가하려면 접속사라는 매개체가 필요하다. that과 같은 기본적인 접속사부터 whether, since, even though 등 기능에 따라 다양한 접속사가 존재한다.

She made it clear **that** she never wanted to see me again.
그녀는 다시 나를 보고 싶지 않다는 점을 분명히 했다. (분명히 한 내용을 결합하기 위해 that을 활용)

Whether you will succeed or not depends on your determination.
성공할지 못할지는 네 의지에 달렸다.
('~일지'라는 정보를 표현하기 위해 whether 활용)

KEY TAKEAWAYS
여러 정보를 잘 결합하기 위해 필요한 문법에는 문장의 5형식, 부정사, 동명사, 분사, 관계사 등이 있다

문법의 효용:
정보를 섬세하게 표현하기 위해

정보를 섬세하게 표현하기 위한 문법의 예

우리가 배운 문법 중에서 정보를 좀 더 섬세하게 표현하고, 문장에 세세한 뉘앙스를 추가하기 위한 문법에는 다음과 같은 것들이 있다.

▶ 시제

시제는 단순히 어떤 일의 발생 시점만을 표현하지 않는다. 특히 완료 시제가 그렇다. 완료 시제는 우리말에 존재하지 않는 개념이기 때문에 항상 어려운데, 흔히 경험, 결과, 계속, 완료라는 네 가지 용법으로 구분한다. 이 구분법을 따르지 않더라도, 어떤 정보를 좀 더 세세하게 표현하고자 할 때 활용한다고 보면 된다. 예를 들어 I've lost my wallet.과 I lost my wallet.은 의미가 다르다. 현재완료를 쓰면 내가 지갑을 과거에 잃어버렸다는 사실을 전달하는 것이 아니라 지금 지갑이 없다는 사실까지 표현하는 말이 된다. '지갑을 잃어버렸는데 아직 찾지 못해서 그 결과 지금 지갑이 없다'는 의미와 같다.

▶ **조동사**

앞서 설명했지만 특히 조동사의 과거형은 어떤 일이 일어날 수 있을 거라는 가정과 공손함을 표현하기 위해서 활용한다. Waterfront라는 영화에 다음과 같은 말론 브란도의 명대사가 나오는데, 그렇게 될 수도 있었지만 그렇지 못했다는 의미로 한 말이다.

I **coulda** been a contender. I **coulda** been somebody, instead of a bum, which is what I am. Let's face it.

나도 도전자가 될 수 있었어. 나도 가치 있는 사람이 될 수 있었어. 지금처럼 건달이 아니고 말야. 그 점을 인정하자고.

(coulda는 could have를 소리 나는 대로 적은 표기로 구어에서 많이 활용된다.)

▶ **수동태**

앞에서 설명했듯이, 수동태와 능동태는 문장을 부드럽게 이어나가기 위해 주어 자리에 어떤 말을 넣는 것이 좋은가에 따라 정해진다. 주어 자리에 무엇이 와야 되느냐에 따라 정해지는 것이기 때문에, 강조할 정보와 숨길 정보를 구분하기 위해 활용되기도 한다. 예를 들어

Your request have **been denied**.
귀하의 요청은 받아들여지지 않았습니다.

와 같은 문장에서는 상대방에게 좋지 않은 소식을 전해 주어야 하므로 결

정의 주체인 '우리'를 주어로 잡을 필요가 없다. 우리가 그랬다는 말은 숨기고 공손하게 정보를 표현하기 위해 수동형 문장을 활용하는 예이다. 이렇게 '공손함'이라는 뉘앙스를 표현하기 위해서도 수동형 문장을 활용할 수 있다. (이 부분에 관해서는 『나는 더 영어답게 말하고 싶다 문장 만들기 편』에서 자세히 다루었으니 관심이 있는 독자들께서는 참고하시기 바란다.)

▶ 가정법

앞서 설명한 그대로이다. 공손한 뉘앙스, 그리고 그런 일이 실제로 일어날지 모른다는 가정이나 그런 일이 생기면 좋겠다는 바람을 표현하기 위해 가정법을 쓴다.

This **would** have never been possible **without** your help.
당신의 도움이 없었으면 불가능했을 거예요.
(상대방의 도움에 감사하며 실제로 잘 활용할 수 있는 문장이다.)

Should you have further questions, please feel free to email me.
더 문의할 사항이 있으시면 언제든 이메일을 보내주세요.

위 문장에서 Should you have further questions는 If you should have further questions에서 if를 없애고 의문문 어순을 만들어 '~라면'이라는 뜻을 표현한 것이다. 소위 가정법 미래 문장인데, 그런 용어에 신경 쓸 필요는 없다. 위 문장 자체를 공손한 표현으로 기억하고 이메일에 활용하면 된다.

KEY TAKEAWAYS

정보를 섬세하게 표현하고 세세한 뉘앙스를 추가하기 위한 문법에는 시제, 조동사, 수동태, 가정법 등이 있다.

Reading

독해와 함께 살아가기

'해석'과 '영어로 읽기'는 다르다

해석과 직독직해

학창시절에 영어를 공부하면서 흔히 '해석'이라는 것을 하는데, 영어 문장을 문법 지식에 맞춰 정확히 분해하고 이해하는 과정을 말한다. 필자는 이것을 '정확히 읽기'라고 부르고자 한다.

이 해석 혹은 정확히 읽기에 대한 가장 흔한 비판이, 문장을 왔다갔다 하며 문법에 꿰맞추는 해석을 하도록 만들어 바람직한 영어 독해 능력 배양을 저해한다는 것이다. 이렇게 비판하는 사람들은 원어민처럼 문장을 읽는 순서 그대로 이해하는 것을 대안으로 제시한다.

예를 들어 수능에 출제되었던 다음과 같은 단락의 경우

Many disciplines are better learned by entering into the doing than by mere abstract study. This is often the case with the most abstract as well as the seemingly more practical disciplines. For example, within the philosophical disciplines, logic must be learned through the use of examples and actual problem solving.

우리말 어순에 맞게

많은 과목들이 단순히 추상적인 공부에 의해서보다 실제로 행함으로써 더 잘 학습된다. 더 실용적으로 보이는 과목뿐만 아니라 가장 추상적인 과목도 흔히 그렇다. 예를 들어 철학 과목에서 논리는 사례의 활용과 실제적 문제 해결을 통하여 학습되어야 한다.

라고 해석하는 잘못이고 영어 문장의 순서에 맞게 다음과 같이 해석해야 한다고 말한다.

많은 과목들이 더 잘 학습된다 / 실제로 행함으로써 / 단순히 추상적인 공부에 의해서보다. / 이 점은 사실이다 / 가장 추상적인 과목도 / 더 실용적으로 보이는 과목뿐만 아니라./ 예를 들어 / 철학 과목에서 / 논리는 / 학습되어야 한다 / 사례의 활용과 실제적 문제 해결을 통하여.

맞는 말이다. 그렇지만 왔다갔다하며 문법에 꿰맞추는 독해에 큰 문제는 없다. 누구나 이런 단계를 거치면서 영어 문장에 익숙해지게 되며, 왔다갔다하며 문법에 꿰맞추는 독해를 하는 사람이라도 시간이 지나고 영어 실력이 향상되면 결국 읽는 순서 그대로 이해하는 단계로 나아가게 된다. 영어라는 문장의 구조와 모국어인 한국어 문장의 구조는 서로 다른데, 둘이 오버랩되는 기간 없이 바로 원어민처럼 독해할 수 있게 되기란 불가능하기 때문이다. 영어라는 언어의 구조를 정확히 이해하고 있다면 결국 순차적으로 읽고 이해하게 된다. 익숙함의 문제요, 시간 문제일 뿐이다.

KEY TAKEAWAYS

누구나 처음에는 문장을 왔다갔다하며 문법에 꿰맞추는 독해를 한다. 그런 과정을 반복하며 독해 실력이 발전하고, 결국 직독직해가 가능해진다.

정확히 읽기와 눈치로 읽기

그런데, 이렇게 모든 단어를 하나하나 해석해 가며 읽는 정확히 읽기는 영어 문장을 이해하는 연습에는 도움이 되지만 책이나 인터넷에서 내가 원하는 정보를 찾아 읽는 경우에는 부적절한 방법이다. 실제로 책을 보거나 긴 글을 읽을 때는, 글쓴이가 하는 말의 흐름을 따라가면서 공감되거나 필요한 내용을 만날 때마다 시선이 머무는 독해를 하게 된다. 마치 TV를 틀어놓고 어느 정도만 주의를 기울이며 흘깃거리다, 반드시 알아두어야 할 내용이 나오면 귀를 쫑긋 세우고 주의해서 보게 되는 것과 비슷하다. 필자는 이러한 읽기를 '눈치로 읽기'라고 부르고자 한다.

현실적으로, 무엇을, 왜 읽는가

우리는 보통 시험 준비를 위해 영어를 공부하기 때문에 정확히 읽기 혹은 해석 연습을 하는 것은 불가피하다. 그러나 실제로 언어 생활의 일부를 영어로 하기 위한, 즉 정보를 습득하기 위한 독해에서는 핵심 단어들만 읽으며 빨리 지나가는 눈치로 읽기 요령이 꼭 필요하다.

우리는 입시 공부를 하면서 재미없는 지문들을 너무 많이 읽어 왔다. 자신의 관심과 무관한 분야의 글이 쉽게 읽힐 리 없고, 그런 지문들로 영어 공부를 하니 흥미가 떨어질 수밖에 없다. 반면 자신이 원하는 정보를 얻기 위한 독해에서는 관심 분야의 지문을 찾아 읽고 원하는 정보를 찾아내는 것이 더 중요하다.

사실 원어민이라 할지라도 어떤 글을 읽을 때 모든 부분을 다 자세히 읽지 않는다. 버리고 가야 할 것은 버리고 간다. 국내파도 마찬가지다. 읽는 목적이 명확한 사람은 영어 문장을 대할 때 완벽주의자가 되지 않는다. 버리고 가야 하는 것이 무엇인지를 알고 집중해야 할 것이 무엇인지를 안다. 또, 문장이 길고 단어 수준이 높아도 필요한 부분에만 집중해서 원하는 정보를 뽑아내고 만다.

예를 들어 축구에 관심이 있다면, 위키피디아에서 손흥민에 대해 다음과 같은 글을 찾아볼 수 있을 것이다.

Son is known as a versatile attacker due to his ability to use both feet equally well; although he often played the role of a second striker with Hamburg, he can play as well even as a first striker. ...중략... Other strengths of Son include his explosive pace, dribbling abilities, composure in front of goal, and hard-working nature.

손흥민은 양쪽 발을 똑같이 잘 쓸 수 있는 능력 덕에 다재다능한 공격수로 알려져 있다. 함부르크에서는 세컨드 공격수의 역할을 하곤 했으나 퍼스트 공격수로서의 역할도 훌륭히 해 낸다. …중략… 손흥민의 다른 장점은 폭발적인 페이스와 드리블 능력, 골대 앞에서의 침착함과 성실함이다.

한국 언론의 평가에서 벗어나 그에 대한 객관적인 평가가 어떠한지 알고 싶다면 찾아서 읽어 볼 수 있는 글이다. 이 글은 그를 상당히 다재다능하고 여러 포지션을 소화할 수 있는 선수로 평가하고 있는데, 이 독해를 통해 다재다능하다는 뜻을 지닌 versatile의 의미를 정확히 이해하게 되고, 맨 마지막 문장에서 composure의 뜻도 정확히 알게 된다. composure는 이 경우 냉정함이나 침착함을 의미하는 말이다.

이렇게 흥미를 유발하는 주제에 대해 자신이 궁금해하는 점을 해결하면서 읽으면, 읽으면서 만난 표현들을 정확히 이해하게 되고 나중에 활용할 수 있는 능력도 생긴다.

KEY TAKEAWAYS

영어로 된 문장에서 바로 원하는 정보를 얻어낼 줄 알아야 한다. 자신의 관심 분야에서부터 영어로 직접 정보를 접하는 연습을 하는 것이 좋다.

정확히
읽기

문장 분해하기

정확히 읽을 것인가 아니면 눈치로 읽을 것인가에 따라 문장을 대하는 방식은 달라진다.

"Avengers 2"와 "Korea"를 구글 검색어로 해서 다음과 같은 기사를 찾았다. 문장도 길고 어려운 단어도 끼어 있어 영어 독해에 익숙하지 않은 사람에게는 만만치 않은 문장이다. 만일 정확한 해석을 위해 문장을 분해하려면 우선 문장을 다음과 같이 끊어 이해해야 한다.

> North American moviegoers / haven't embraced Age of Ultron / nearly as enthusiastically as they did / the first Avengers film, / which snared $623 million in box office receipts in 2012, / the third highest domestic tally of all time. At its current pace / the Avengers sequel / will wind up / about $200 million short of that total. (출처: www.forbes.com)

미국과 캐나다 관객들은 어벤저스 2: 에이지 오브 울트론을 어벤저스 1처럼 열정적으로 받아들이지 않았다. 어벤저스 1은 2012년 6억2천3백만 달러의

수입을 올려 미국 내 매출 기준으로 역대 3위를 기록했다. 현재와 같은 페이스라면 어벤저스 2는 1편의 매출에 비해 2억 달러 부족한 매출을 기록할 것으로 보인다.

이 단락은 총 2개의 문장으로 되어 있는데, 각 문장에서 주어와 동사 중심의 뼈대만 남기면 다음과 같다.

North American moviegoers haven't embraced Age of Ultron.
미국과 캐나다의 관객들은 어벤져스 2를 받아들이지 않았다.

The Avengers sequel will wind up about $200 million short.
어벤저스 2는 2억 달러 부족한 매출을 기록할 것으로 보인다.

나머지는 이 뼈대를 수식하는 말들이다.

이렇게 문장 분해하기를 하려면 중요한 의미 덩어리를 구분할 수 있어야 하고, 문장의 뼈대인 주어와 동사가 무엇인지를 알아야 한다. 달리 말해 앞서 설명한 5형식 구분법에 따라 몇 형식 문장인지를 알아야 한다. 이렇게 문장을 분해해서 해석할 수 있어야 우리말로 옮길 수 있을 정도로 정확히 이해한 것이 된다.

눈치로 읽기

내가 원하는 정보가 무엇인가

그러나 만일 이 글을 읽는 목적이 한국에서 촬영한 어벤저스 2의 흥행이 어벤저스 1과 비교해서 어땠했는지를 알아보는 것이라면 읽는 자세는 달라진다.

> North American moviegoers haven't **embraced** Age of Ultron nearly as **enthusiastically** as they did the first Avengers film, which **snared** $623 million in box office receipts in 2012, the third highest domestic **tally** of all time. At its current pace the Avengers **sequel** will wind up about $200 million short of that total .

미국에서 어벤저스 2가 1만큼 흥행을 하고 있는가 아닌가가 핵심 정보이므로 그 부분을 정확히 찾아내 읽는 것이 관건이다. 즉 첫 부분 North American moviegoers haven't embraced Age of Ultron nearly as enthusiastically as they did the first Avengers film를 정확히 이해하는

것이 핵심이다. 신문 기사라서 어려워 보이는 단어를 많이 포함하고 있지만 볼드체로 표시한 어려운 단어들을 모른다 하더라도 원하는 정보를 얻어 내는 데에는 아무 문제가 없다. 단, 핵심 문장에 들어 있는 embrace가 무슨 뜻인지는 분명히 알아야만 정반대의 해석을 피할 수 있다. 영어는 중요한 메시지가 앞에 나오는 두괄식 문장이 많으므로, 첫 문장을 정확히 해석하는 것이 원하는 정보를 정확히 획득하는 요령이다.

단어를 대하는 태도

이렇듯 내가 영어로 글을 읽는 목적에 따라 독해 중에 등장하는 단어에 대한 태도도 달라진다. 앞의 지문에서 내가 원하는 정보를 정확히 습득하기 위해 반드시 알아야 하는 단어는 embrace이고, enthusiastically, snare, tally, sequel와 같은 단어는 문맥에서 충분히 추정할 수 있거나 정확한 의미를 몰라도 내가 원하는 정보를 이해하고 넘어가는 데 문제가 되지 않는다.

사실 문장을 이해하지 못하는 이유의 대부분은 문장을 구성하고 있는 단어의 뜻을 정확히 알고 있지 못하기 때문이다. 모르는 단어란 처음 보는 단어를 의미할 수도 있고, 기존에 알고 있던 단어가 다른 뜻으로 쓰이는 경우일 수도 있다. 모르는 단어에 걸려 넘어지는 바람에 전체적인 내용 파악에 차질이 생긴다.

그런데 어떤 영어 문장에 내가 모르는 단어가 나올 확률은 거의 100%에 가깝다. 따라서 내용 파악에 지장을 주지 않는 범위 내에서 모르는 단어를 그냥 넘어가는 연습도 중요하며, 그냥 넘어가고도 내용을 이해할 수 있는 능력이 결국 실력이라고 할 수 있다. 어떤 것을 넘어가고 어떤 것을 넘어가지 말아야 하는지는 전적으로 '정보 습득'이라는 독해의 목적을 분명히 함으로써 결정된다. 정보 지향적인 독해를 하는 사람이라면 넘어갈 단어도 정확히 알 수 있다.

KEY TAKEAWAYS

원하는 정보를 뽑아내기 위한 독해에서는 모르는 단어에 너무 많은 의미를 부여하지 않는 능력이 중요하다.

긴 문장에 당황하지 말자

짧고 간결한 문장이 좋은 문장임에도 누군가는 길게 쓰고 싶어 한다. 그리고 이런 긴 문장은 난이도 높은 문제에 단골손님으로 등장한다. 시험은 변별력이 있어야 한다. 영어 시험에서 변별력을 높이는 가장 좋은 방법은 길고 복잡한 문장을 주는 것이다. 출제자로서는 길게 꼬여 있는 지문으로 문제를 출제하는 '치졸한' 유혹을 거부하기 힘들 것이다.

다음 글은 수능에 출제되었던 지문인데, 한 문장으로 되어 있다. 시험지에 인쇄된 것을 보면 무려 7줄이 한 문장이다. 마침표가 빨리 나오기만을 기대하며 읽던 수험생들은 해석을 포기하고 싶은 마음조차 들었을 것이다.

> Richard Dawkins and John Krebs argued that although in some circumstances it might be appropriate to describe animal signals as transferring information, in many other, perhaps most, cases there would be such a conflict of interest between signaller and receiver that it is more accurate to describe the signaller as attempting to 'manipulate' the receiver rather than just inform it.

어떤 상황에서는 동물이 보내는 신호들을 정보 전달로 설명하는 것이 적합할 수도 있지만, 다른 많은 경우, 아마도 대부분의 경우에는 신호를 보내는 동물과 신호를 받는 동물 사이에 이해 관계의 충돌이 너무 심해서, 단지 신호를 받는 동물에게 정보를 전달한다기보다는 신호를 보내는 동물이 신호를 받는 동물을 조정하려고 하는 것으로 설명하는 것이 더 정확하다고 리처드 도킨스와 존 크렙스는 주장했다.

내용은 간단하다. 동물끼리 신호를 주고받을 때, 정보 전달의 목적보다는 상대방을 조정하려는 목적이 더 크다라는 말이다. 별로 어렵지 않은 이 내용을 이해하기 위해 이 복잡한 글을 읽어야 하는가? 더군다나 문맥, 즉 동물이 주고 받는 신호가 그리 간단하지만은 않다는 점을 미리 알고 이 글을 읽었다면 문장의 길이나 복잡함과 상관없이 훨씬 쉽게 내용을 이해할 수 있었을 것이다.

우리가 시험 문제를 풀던 중에 아무런 사전 정보 없이 긴 문장을 맞닥 뜨리는 것과 명확한 목적을 지니고 글을 읽던 중에 긴 문장을 만나는 것은 다르다. 맥락을 알고 있다면 긴 지문도 생각보다 쉽게 읽힌다. 글쓴이의 의도 역시 쉽게 알아챌 수 있다. 그런 의미에서 문장의 길이를 기준으로 독해 능력을 판가름하는 문제 출제 방식은 옳지 못하다.

실제로 글을 읽을 때 긴 문장을 만나면 구절 하나하나 완벽하게 분해하겠다는 생각을 버리고 속도감 있게 넘어가는 것도 좋다. 일단 전체적인 내용을 파악한 후 다시 돌아와서 읽겠다는 마음가짐으로 훑어보는 것도 요령이다.

어떤 문장이든 읽는 사람에 따라 더 중요하고 의미 있는 정보와 그렇지 않은 정보가 있다. 눈에 보이는 모든 문장을 정확하게 분해하고 넘어가겠다며 긴 문장에 매달릴 필요가 없다.

많이 들어야
빨리 읽게 된다

듣기는 읽기에도 도움이 된다

뒤이어 듣기 부분에서 더 설명하겠지만 많이 읽어야만 독해 능력이 향상되는 것은 아니다. 오히려 많이 들어야 한다. 말과 글의 구분이 모호할 뿐 아니라, 많이 들어야 잘 읽고 빨리 읽을 수 있기 때문이다. 읽을 때는 내가 편한 속도대로 읽고 문장의 앞뒤를 오가며 의미를 맞추는 작업이 가능하지만 들을 때는 그렇지 않다. 들리는 순서대로 이해해야 하고 들리는 속도대로 이해해야 한다. 그렇기 때문에 처음에는 따라잡기에도 급급하겠지만, 궁극적으로는 들리는 속도 그대로 문장을 이해하는 능력이 생기고, 결국 문장을 빨리 읽는 일도 가능하게 된다.

국내파가 영어 읽기 능력을 향상하기 위해서는 많이 들어야 한다. 내가 정한 속도가 아니라 표준적인 속도에 맞춰 문장을 따라가는 연습을 해야 한다.

Listening

청취와 함께 살아가기

듣기를 가장
많이 해야 한다

듣기는 듣기에서 끝나지 않는다

실용적인 영어 구사 능력을 향상하고 싶다면 가장 많은 시간을 투자할 영역이 청취다. 얼마나 알아들을 수 있느냐가 결국 영어 능력을 가늠하는 척도라고 생각하고 듣기에 많은 노력을 기울여야 한다. 그나마 수능 세대는 수능에 청취 문제가 있어 기본이 전혀 없지는 않다. 토익도 반은 청취이기 때문에 토익 시험 준비를 한 사람이라면 기본이 전혀 없지는 않다. 물론 실제 상황에서의 청취는 시험 문제와는 비교할 수 없을 정도로 복잡하고 다양하지만, 기본을 갖추고 있다는 사실은 큰 의미를 지닌다.

듣기가 가장 중요한 이유는 듣기가 듣기에서 끝나지 않기 때문이다. 듣기는 읽기, 쓰기, 말하기를 위한 토대가 된다.

우선 잘 들어야 회화를 잘할 수 있음은 자명하다. 상대방이 하는 말을 제대로 이해하지 못하는데 대화가 잘될 리 없다. 내가 구사하는 문장이 완벽하지 않고 설사 오류가 많더라도 상대방이 하는 말만 정확히 이해했다면 어떻게든 내 의사를 전달할 수 있고 상대방도 어떻게든 내 메시지를 이해하게 된다. 반면 상대방이 하는 말을 제대로 이해하지 못한 채 딴소리를 한다면 내가 구사하는 영어가 아무리 근사해도 (근사할 가능성도 낮겠지만) 대화가 잘 통할 리 없다.

듣기는 읽기에도 영향을 미친다. 우리는 말과 글을 분명히 구분하는 경향이 있는데, 사실 말과 글은 겹치는 부분이 많다. 대통령의 연설은 말일까 글일까? 다큐멘터리의 내레이션은 말일까 글일까? 뒤에서 더 설명하겠지만, 영어 문장에 아직 익숙하지 않은 국내파들은 말과 글을 나누지 말고 좋은 영어 문장에 길들여지는 것을 최우선으로 삼아야 한다. 많이 읽으면 더 잘 읽게 되는 것은 당연하지만, 읽기는 내가 정한 속도대로 진행되기 때문에, 일관된 속도로 영어 문장을 이해하는 능력을 배양하는 데에는 듣기가 더 효과적일 수 있다. 또 국내파들은 문장을 분해해서 우리말 어순에 꿰맞추며 독해하기가 쉬운데, 들으면서 이해하기는 언제나 '직독직해'에 가깝다. 영어 문장을 쓰여 있는 그대로 이해하는 능력은 듣기를 통해 더 빨리 발전할 수 있는 셈이다.

〈한국인이 어렵다고 생각하는 순위〉

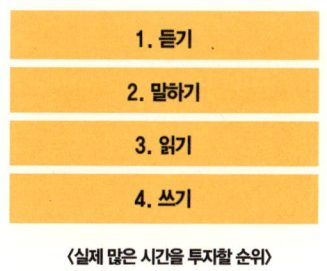
〈실제 많은 시간을 투자할 순위〉

듣기를 잘해야 작문도 잘할 수 있다. 글도 결국 머릿속에 떠오르는 소리다. 우리가 모국어로 글을 쓰는 과정을 생각해 보면 자명해진다. 써 놓은 글을 스스로 교정할 때 우리는 소리 내어 읽는 과정을 거친다. 잘 읽히고 흐름이 좋은 글은 잘 쓴 글이고 소리 내어 읽어도 잘 읽히지 않는 글은 잘 못 쓴 글이 된다. 좋은 문장과 나쁜 문장을 가려낼 수 있는 능력은 수없이 많은 표현들의 조합에 익숙해짐으로써 배양된다. 읽기를 통해서도 그 무수한 조합에 익숙해질 수 있지만 상대적으로 덜 지루한 방법이 바로 듣기다. 누군가 해 주는 재미있는 얘기를 직접 듣는 경우와 책을 거쳐 읽는 경우를 한번 비교해서 상상해 보자. 우리는 어떤 경우에 더 몰입하게 되는가?

KEY TAKEAWAYS

국내파의 영어 공부에서 제일 중요한 것은 듣기다. 듣기에 집중하면 읽기, 말하기, 쓰기도 따라서 발전하게 된다.

잘 들리지 않는
다양한 이유들

내용의 난이도, 배경지식

누군가가 한 말이 잘 들리지 않는 데에는 여러 이유가 있다. 일단 내용도 어렵고 배경지식도 없다면 듣고 이해할 수 없다. 내가 들은 내용에 등장하는 모든 단어의 뜻을 다 아는데도 들은 내용이 이해가 가지 않는 경험을 해 본 적이 있을 것이다. 배경지식이 부족하고 내용 자체가 익숙하지 않으면 들리지 않는다.

발음의 문제

단어와 단어가 서로 부딪치면서 개별 단어처럼 또박또박 발음되지 않고 소리가 뭉개지거나 어떤 부분이 죽어서 잘 들리지 않는 경우도 있다. 사실 이렇게 소리가 뭉개지거나 죽는 현상은 모든 언어에서 일어나는 당연한 변화다. 자음과 자음이 충돌하면 소리가 변하고, 자음과 모음이 만나면 연음 현상이 일어나며, 모음과 모음이 만나면 하나의 모음처럼 들리는 것은 비단 영어에만 국한된 현상이 아니다. 우리말에서 '국민'이 [궁민]으로 발음되는 자음동화는 자음과 자음이 충돌하여 소리가 변하는 예이고, '해돋이'가 [해도지]로 발음되는 구개음화는 자음과 모음이 만나 소리가 변하는 예이다.

발음의 변화는 결국 많이 들어서 익숙해지는 수밖에 없다. 기본 법칙은 자음과 자음이 충돌할 때, 모음과 모음이 만날 때, 그리고 자음과 모음이 만날 때 변화가 발생한다는 것이다. 수십 개의 시나리오로 나눠 법칙화를 시도할 수도 있겠지만, 수십 개나 된다면 그것을 법칙이라고 말할 수는 없을 것이다.

빠르기

빨리 말하는 사람의 말은 알아듣기 어렵다. 하지만 잘 들리지 않는 이유가 속도 때문만은 아니다. 정확한 발음으로 빨리 말하는 사람의 이야기는 알아듣기가 그렇게 어렵지 않다. 우리가 영어 문장을 들으며 빠르다고 느끼는 것은 사실 발음의 문제이거나 배경지식의 문제일 경우가 더 크다.

연기나 감정의 개입, 개성

　영화나 드라마의 대사를 알아듣기 힘든 이유는, 말하는 사람의 감정이나 호흡이 들어가면서 평이한 소리에서 벗어나는 현상이 발생하기 때문이다. 억양이나 호흡이 연기의 일부가 되면서 우리에게 익숙한 소리에서 벗어나게 되면 그만큼 알아듣기가 힘든 것이다. 또 누구나 특유의 말버릇과 개성이 있다. TV에 자주 등장하는 유명인의 경우, 원어민들은 그들의 개성과 말버릇을 이미 알고 있기 때문에 듣는 데 큰 어려움이 없겠지만 국내파의 경우 그런 배경지식이 없기 때문에 어려울 수 있다.

정확히 듣기와
눈치로 듣기

정확히 듣기

앞서 '정확히 읽기'와 '눈치로 읽기'를 구분해서 설명했는데, '정확히'와 '눈치로'라는 개념은 듣기에도 통한다. 정확히 듣기란 받아 적을 수 있을 정도로 전치사나 관사 하나까지 놓치지 않고 듣는 것을 말한다. 그래서 정확히 듣기는 듣기를 연습하는 과정에만 적용된다. 실제 의사소통에서는 상대방이 하는 말의 의미를 단 한 번에 정확히 파악하는 능력이 필요하다. 물론 잘 못 알아들은 부분을 물어볼 수도 있지만 한 번에 내용을 파악하는 것이 원칙이다. 실제 의사소통에서 상대방이 하는 말을 받아 적을 수 있을 정도로 듣겠다고 생각하면 오히려 흐름을 놓쳐 커뮤니케이션을 그르치기 쉽다.

정확히 듣기를 연습할 때 실제 받아 적기를 해 봐도 좋겠지만 꼭 그럴 필요는 없다. 한 단어라도 정확히 들리지 않는다면 반복하면서 듣는 것이 중요하다. 정확히 듣기는 결국 반복해서 듣기를 말하며 청취 능력 향상을 위해 평소에 꾸준히 하는 연습을 의미한다고 보면 된다.

하지만 평소에 듣는 모든 내용을 모두 받아 적는 수준으로 연습하는 것은 불가능에 가깝다. 그러다가는 지쳐 나가떨어지기 십상이다. 그래서 정확히 들을 내용과 눈치로 들을 내용을 적절히 안배해서 연습할 필요가 있다. 눈치로 듣는 연습도 해야 한다는 말이다.

눈치로 듣기

실제 의사소통에서 올바른 문장을 또박또박 말하는 사람을 만나는 일은 매우 드물다. 방송을 통해서 접하든 실제로 만나 보든 원어민은 생각보다 중언부언 말한다. 그래서 눈치로 듣기가 중요해진다.

다음 문장을 보자. 구글 회장 Eric Schmitt가 프레젠테이션 자리에서 한 말을 그대로 녹취한 것이다.(QR코드를 클릭하면 원문을 들을 수 있습니다.)

I wanted to talk, just briefly, about a couple of things, and then, I think it's better to do Q&As after... after lunch, I hope you enjoy the lunch, and I'd tell you that I'd think we're... it's now become clear that we're at the... we're not at the end of something but we're in fact at the beginning of a massive transition to cloud computing. And when you looked at the presentations today, and you heard some of the ideas and you've seen the business success we've had, it's important to understand that this is in the context of a... of a global transition from one form of computing to a different - a global transition of one form of information sharing to another. Part of the reason that Google is such an exciting place to be right now, and I hope you agree, is that we can now actually see an integrated strategy for the company. Google of course as a company is run very much bottoms up, which is a part of our... our success. But let me give you a sense of how powerful this new model really behaves.

간단히 몇 가지 얘기를 하고 그리고 점심 시간 후에 질의 응답 시간을 갖는 것이 더 나을 것 같습니다. 점심 식사 잘 하시기 바랍니다. 그리고 제가 말씀드리고자 하는 것은, 우리가 지금, 사실 어떤 일의 끝에 있는 것이 아니라 클라우드 컴퓨팅으로 거대한 전환을 이루는 시작점에 있는 것이 분명해지고 있습니다. 오늘 프레젠테이션을 보면서, 그리고 여러 아이디어를 들으면서, 비즈니스 성공 사례를 보면서, 한 가지 컴퓨팅 방식에서 다른 방식으로 이전하고 있는 것임을 이해하는 것이 중요합니다. 말하자면 정보를 공유하는 한 방법에서 다른 방식으로 전세계적인 전환이 이루어지고 있는 것이죠. 현재 구글이 몸담을 만한 가장 흥미로운 곳인 부분적인 이유는, 여러분도 동의하시기를 바라는데, 구글을 위한 통합적인 전략을 볼 수 있다는 것이죠. 물론 구글은 기업으로서 아래에서 위로 올라가는 방식에 의해 운영되고 있고 그것이 우리 성공의 부분적 이유죠. 하지만 이 새로운 모델이 어떻게 파워풀하게 움직이고 있는지 조금 보여드리겠습니다.

앞부분에서 일정에 관해 이야기하고 있고, 그 다음에는 클라우드 컴퓨

팅의 중요성을 강조하고 있다. 특히 일정에 관한 이야기에서 '점심 식사 잘 하세요'와 같은 말을 중간에 끼워 넣기도 하고, 이미 뱉은 말을 무시한 채 문장을 새로 만드는 경우도 있다.

뒷부분에서는 클라우드 컴퓨팅으로의 변화와 구글이 그 변화에 잘 대응하고 있다는 점을 강조하고 있는 것 같은데 생각보다 논점이 분명하지 않다. 물론 실제 현장의 분위기를 모르고 배경지식이 없기 때문에 중언부언 말하는 것처럼 보일 수도 있겠지만, 실전에서 듣는 문장의 대부분이 이런 식으로 명쾌하지 않다는 점을 우리는 고려해야 한다.

결국 상대방이 실제 하는 말에서 중요하지 않는 부분을 쳐 내고 중요한 부분만을 기억해서 전체적인 흐름을 이해하는 게 중요하다. 가장 중요한 것만을 '눈치로' 잡아 내는 능력이 필요한 것이다.

눈치로 듣기에서는 표현과 단어를 아는 것이 부차적일 수도 있다. 모르는 단어가 나온다 해도 그것을 당연히 받아들이고 그냥 넘어가는 연습을 하는 것이 중요하다. 모르는 단어가 나올 때마다 정신을 빼앗겨서는 안 된다. 그러다가는 전체적인 흐름을 놓치기 쉽다. 자신의 모든 눈치를 총동원해서 핵심을 놓치지 않겠다는 자세가 필요하다. 최악의 경우 대체적인 줄거리라도 이해하는 데 목표를 두어야 한다.

반복을 통해 정확히 듣는 연습만을 한 사람은 실전에서 알아듣는 능력이 떨어진다. 실전에서 상대방이 내 영어 실력을 배려하며 말해 주는 경우는 매우 드물다. 그래서 빨리 지나가는 가운데 중요한 부분을 정확히 이해하는 능력이 더욱 중요해진다.

리스닝의 반은 눈치다. '눈치'라는 말 안에는 전체적인 문맥을 파악하는 능력, 상대방이 한 말의 키워드를 뽑아내는 능력, 알아듣지 못한 부분을 유추해서 이해하는 능력 등이 모두 포함된다. 눈치로 듣기는 리스닝 연습만을 통해서 달성되는 것이 아니라 배경지식과 어휘 실력을 통해서도 가능해진다. 그래서 많이 읽거나 한국어로 배경 지식을 습득하는 일도 듣기에 도움이 될 수 있다.

그리고 눈치로 알아듣는 연습을 한 텍스트는 다시 돌아보지 않는 것이 좋다. 어떤 텍스트든 더 공부할 부분은 남게 되고, 뭔가 다 익히지 못한 듯한 미련도 따라 생기게 마련이다. 하지만 한 번 들었다면 버릴 줄 아는 태도도 중요하다.

KEY TAKEAWAYS

듣기 연습을 할 때는 정확히 듣는 연습과 눈치로 듣는 연습을 병행해야 한다. 실전은 눈치로 듣기에 가깝다. 눈치로 듣기에서는 키워드를 정확히 잡아 내는 능력이 중요하다.

연습할 때
고려할 점

자기도 모르는 사이에 발전한다

앞서 설명한 대로 듣기가 잘 되지 않는 데에는 여러 이유가 작용한다. 그중 하나만을 끄집어 내어 정교하게 해결책을 마련한다는 것은 불가능하다. 영어 표현에 대한 익숙함, 소리에 대한 익숙함, 배경지식, 다음에 나올 말을 예상하는 능력, 말하는 사람의 실수까지도 간파하여 스스로 보정하는 능력 등 모든 능력이 고르게 발전해야 자신 있게 들을 수 있게 된다. 이 모든 능력이 고르게 발전하는 과정은 매우 더디며 사실상 종착점도 없다.

읽기, 쓰기, 말하기 모두 마찬가지지만 듣기 능력이야말로 꾸준히 연습했을 때 자기도 모르는 사이에 발전한다. 너무 조급하게 굴지 말아야 하는 이유다.

반복 청취 견뎌 내기

듣기 능력을 발전시키기 위해서는 반복 청취 과정이 불가피하다. 개별 단어가 문장 속으로 들어가면 또박또박 발음되지 않고 연음이 되거나 뭉개지는 현상이 발생하므로 반복 청취를 통해 그런 소리 변화를 익혀야 하기 때문이다.

반복 청취라는 지루한 과정을 견뎌 내기 위해서는, 여러 번 들어도 괜찮을 만큼 흥미로운 내용을 연습 대상으로 선정해야 한다. 그리고 스크립트가 있는 것이 좋다. 가장 좋은 텍스트는 역시 영화나 미드다. **DVD**를 구입하면 영어 자막을 볼 수 있으므로 효과적이다. 영화 대사를 해설한 책을 구입할 수도 있다. 경제적으로 부담이 된다면 구글 검색에 의존하는 것도 방법이다. 구글에서 검색하면 스크립트를 구할 수 있는 영화가 꽤 나올 것이다.

KEY TAKEAWAYS

영어 듣기 연습의 기본은 반복 청취다. 반복해도 지루하지 않을 만큼 관심이 가는 텍스트를 교재로 삼아야 한다.

무엇을 들을 것인가

가장 흥미로운 것을 듣자

뉴스를 많이 들어야 뉴스를 잘 알아듣게 되고, 영화를 많이 봐야 영화를 잘 알아듣게 되는 것은 당연한 사실이다. 하지만 뉴스를 듣지 않았다고 해서 뉴스를 이해할 수 없게 되는 것은 아니다. 뉴스 영어나 영화에 나오는 영어나 모두 영어이기는 마찬가지이기 때문이다. 가장 중요한 원칙은 가장 흥미롭게 대할 수 있는 텍스트를 반복해서 듣는 것이다.

영화, 드라마

대본이 있는 내용을 들으려면 영화나 드라마를 듣는 것이 좋다. 인터넷으로 구해도 좋고, 단행본을 구입할 수도 있다. 더 좋은 방법은 앞서 말한 대로 DVD를 구입하는 것인데, DVD는 한글 자막과 영문 자막을 모두 활용할 수 있어 좋다. 먼저 우리말 자막을 보면서 영화의 내용을 이해하고, 다음은 영문 자막으로 여러 번 보면서 단어와 표현 및 문장구조를 이해하고, 최종적으로는 우리말이나 영어 자막 없이 소리만으로 이해하는 연습을 하면 된다.

뉴스 듣기

뉴스 듣기는 영어 듣기 훈련의 필수 과정이다. 그런데 전 세계에서 매일 터져 나오는 새로운 뉴스들을 생각해 보면 뉴스 듣기야말로 끝이 없는 작업이다. 또 사람에 따라 안 맞을 수도 있다. 세상 돌아가는 데 궁금한 점이 없는데 오직 청취 실력의 향상만을 위해서 뉴스를 들을 수는 없는 노릇이다. 영어 뉴스의 경우 우리와는 무관한 제3세계 국가들 간의 분쟁을 다루거나 특정 국가의 이슈를 너무 깊게 다루는 경우가 많아 흥미를 유발하지 못하는 것도 사실이다.

하지만 영어 뉴스에 반감이 큰 사람만 아니라면, 뉴스 청취는 꼭 해야 한다. 요즘은 케이블 TV나 IPTV를 통해 다양한 뉴스 채널을 볼 수 있기 때문에 잘 찾아보면 흥미가 느껴지는 뉴스도 꽤 많이 만날 수 있다. 다음 표에서 주요 채널들을 정리해 보았다. 표에서 보듯 꼭 **CNN**만 고집할 필요는 없다. 입문용으로 **Arirang** 뉴스를 들을 수도 있고, **Fox News** 같은 경우 정치적으로 편향되어 있지만 다른 채널보다 흥미로운 얘기들이 많이 등장한다.

채널명	좋은 점	부족한 점
Arirang	문장이 비교적 쉽고 익숙한 내용이라 영어 뉴스 입문자들에게 좋다.	• 우리나라 소식을 영어로 표현하다 보니 어쩔 수 없이 콩글리시 표현이 나온다. • 말하는 사람에 따라 영어 실력이 천차만별이다.
CNN International	대부분의 케이블 TV나 IPTV를 통해 쉽게 접할 수 있다.	• 앵커에 따라 영국 영어를 구사하는 사람도 있어서 낯설게 느껴질 수 있다. • 제3세계 국가에 관한 낯선 얘기가 많다.
BBC	객관적인 리포팅과 간결하고 좋은 표현이 두드러진다.	• 영국 영어가 익숙하지 않으면 알아듣기 어렵다. • 제3세계 국가에 관한 낯선 얘기가 많다.
Fox News	• 정치적으로 편향되어 있어, 말하는 내용을 예측하기가 오히려 쉬울 수도 있다. • 광고가 나가는 시간에 미국 이외의 지역 시청자들을 위한 짤막한 뉴스가 준비되어 있다. • 내용이 대중적이고 다양해서 덜 지루하다.	정치적으로 편향되어 있다.
Bloomberg, CNBC	• 경제 뉴스를 집중적으로 접할 수 있다. • 오전에는 아시아 경제와 기업을 주로 다뤄서 우리나라와 관련된 익숙한 내용이 많이 등장한다.	경제, 산업 뉴스나 주식 투자에 관한 이야기가 많아 관심이 없는 사람에게는 어렵다.

사실 뉴스 듣기는 매우 어렵다. 모르는 어휘가 끝도 없이 나온다는 느낌을 받게 마련이다. 그래서 영어 실력이 어느 정도 되는 사람만이 도전할 수 있는 영역이기도 하다. 하지만 어떻게 접근하느냐에 따라 초급자인 사람도 얼마든지 영어 뉴스를 들을 수 있다. 앵커나 기자가 하는 말을 모두 알아들으려 하지 말고 자막을 보면서 무슨 주제에 관해 이야기를 하고 있는지 감을 잡는 정도로만 시작해 보는 것도 요령이다. 특히 뉴스는 제일

첫 문장에 가장 중요한 정보들을 담고 있기 때문에, 한 꼭지를 모두 소화하기가 어렵다면 첫 문장만이라도 듣고 이해하려는 노력을 하는 것도 좋다. 어렵지만 영어 공부한 보람을 느끼기에 가장 좋은 영역이 바로 뉴스 듣기다.

다큐멘터리 듣기

다큐멘터리도 좋다. 유튜브나 IPTV에는 다양한 분야의 좋은 다큐멘터리가 많으므로 관심 가는 분야의 내용을 골라 볼 수 있다. 또 다큐멘터리 내레이션의 경우 좋은 글에 못지 않은 좋은 문장과 표현을 많이 담고 있기 때문에 중급 이상의 실력을 지닌 사람에게는 좋은 공부 자료가 될 수 있다. 다만 영어 자막이 지원되지 않으므로 정확한 영어 표현을 모르는 채로 넘어가야 하는 경우가 생긴다. 그리고 다큐의 경우 자막의 번역자가 오역을 하는 경우가 생각보다 많다.

Speaking

스피킹과 함께 살아가기

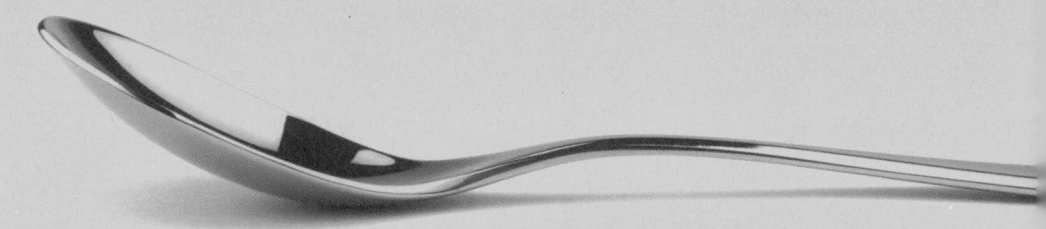

두 가지
필수 조건

자주 말해야 한다

영어권 국가에 거주하면서 영어를 매일 접한다면 가장 좋을 것이다. 그러나 오직 영어로 말하는 기회를 갖기 위해 삶의 터전을 송두리째 바꾼다는 것은 비현실적이다. 한국에 살면서 자주 영어로 표현할 수 있는 기회를 만드는 것이 중요하다. 과외를 받듯 정기적으로 원어민과 영어로 대화하는 방법이 가장 효과가 좋다. E-2 비자를 받고 국내에 들어와 있는 원어민 교사들은 정해진 학교나 학원 이외에서 영리를 추구하는 것이 금지되어 있다. 그러나 한국인과 결혼한 배우자나 교포의 경우 그러한 제한이 없다. 유학생의 경우도 정해진 시간 이내에서 아르바이트가 가능하다. 이렇게 합법적으로 개인 레슨을 할 수 있는 선생님들을 찾아 영어 연습을 하면 된다. 하지만 만만찮은 비용이 들 터이므로, 이 방법이 여의치 않다면 전화나 화상을 이용해 원어민과 연습할 수 있도록 중개해 주는 서비스를 이용하는 것도 좋다. 특히 전화 영어 서비스는 흔하고 비용도 저렴한 편이다.

원어민과 말해야 한다

한국인끼리 그룹 스터디를 하는 것도 좋다. 하지만 원어민과의 의사소통이 더 중요하다. 내가 하는 말에 대한 배경지식이 매우 적은 상대방을 어떻게든 이해시키는 능력이 더 중요하기 때문이다. 상대방이 나보다 영어를 못할 거라 생각하거나 내가 하는 말의 의미를 짐작할 수 있을 거라고 생각할 때, 내 태도는 느슨해지게 마련이다.

KEY TAKEAWAYS
원어민에게 자기 생각을 말하는 경험 없이 스피킹 능력이 향상되기는 힘들다.

국내파가
염두에 둘 점

워드가 아니라 파워포인트처럼 말해 보자

　완벽한 문장을 만드는 기술 못지않게 신속하고 정확하게 소통하는 기술도 중요하다. 영어로 표현하는 방식을 워드(Word)와 파워 포인트(PowerPoint)에 빗대어 말한다면, 워드가 아니라 파워포인트처럼 말하겠다는 생각을 지니는 것도 좋다. 자세한 내용을 서술해야 하는 경우라면 워드를 쓰겠지만 핵심적인 내용을 표현해야 한다면 파워포인트를 활용하듯이, 자신의 영어능력에 맞게 우선 핵심부터 잘 표현하는 방식을 모범으로 삼자는 것이다.

　예를 들어 다음과 같은 말을 해야 한다고 치자.

ooo이 그리 좋은 영화가 아니라고 생각했습니다. 왜냐하면 너무 폭력적이고 어둡기 때문입니다. 나는 밝고 긍정적인 메시지가 담긴 영화가 좋습니다.

다음과 같이 길고 근사하게 말할 수도 있을 것이다.

Last year, I tried to watch ooo. I had heard that it was a very good film, but I personally found it to be far too violent and dark. The extreme violence detracted from the message of the movie and just made me feel sick. When I watch movies, I prefer not to be dragged to the worst depths of human behavior but rather to be uplifted and inspired.

작년에 ooo을 보려고 했습니다. 아주 좋은 영화라고 들었지만 제겐 너무 폭력적이고 어두운 영화라는 생각이 들었습니다. 극단적인 폭력은 영화가 전달하려는 메시지에서 많이 벗어나 있었고 정말 저를 불편하게 했습니다. 저는 영화를 볼 때 인간 행동의 가장 추악한 곳으로 끌려 들어가기보다는 기분이 좋아지고 뭔가 영감을 받는 경험을 하고 싶습니다.

하지만 아래와 같이 간단히 세 문장으로 핵심적인 의미만 전달해도 좋다.

I didn't like the movie ooo.
The movie was too violent and dark.
I like movies that inspire me positively.

길게 말할 수 있는 능력을 갖추는 것은 좋지만, 무엇보다 내용을 정확히 전달하는 것이 우선이다. 말하기도 경제성을 따질 필요가 있는 것이다.
첫째, 둘째, 셋째, 이렇게 마치 파워포인트의 말머리 기호(**bullet point**)를 붙이듯 핵심을 정확히 나열하며 말하는 것도 좋다. 예를 들어 우리 회사의 사업 전망이 밝다고 말하려는 경우

So, we can see many bright signs for the future of our business.
First, the market is expanding very fast.
Second, our product is now being distributed to major department stores.
Third, we have been able to add over 50 new positions in the last year.

따라서 우리 사업의 전망을 밝게 하는 요인들이 많습니다.
첫째, 시장이 아주 빠르게 성장하고 있습니다.
둘째, 우리 상품이 이제 주요 백화점에 납품되고 있습니다.
셋째, 작년에만 50명 이상을 새로 채용했습니다.

이렇게 파워포인트처럼 간략하게 말하면 된다. 의사소통에 아무 지장이 없다. 문장을 길게 만드는 관계대명사나 접속사의 활용을 최대한 줄이고 우선 간결한 문장으로 표현하는 습관을 길러야 한다. 길게 말하는 것은 스피킹 능력이 발전하면 결국 할 수 있게 된다.

말할 때는 문법을 생각하지 말자

말을 할 때는 문법을 생각하지 않는 것이 좋다. 문법에 어긋나도 상관이 없다는 말이 아니라, 모든 것을 다 잘할 수 없다면 문법을 우선하지 말아야 한다는 뜻이다. 국내파들은 입시 공부를 하면서 잘못된 문장을 가려내는 연습을 많이 했기 때문에 말하는 중간에도 의미를 정확히 전달하기보다는 자기가 하는 말이 옳은지 틀린지에 더 집중하기 쉽다. 적당한 표현이 바로 생각나지 않아 곤혹스러운 단계에서는 일단 문법은 접어 두고 의미 전달에 신경을 써야 한다. 스피킹에 좀 더 자신감이 붙고 여유가 생기면 문법적으로 옳은 문장을 구사하려는 노력은 누가 시키지 않아도 자연히 하게 된다.

전달하려는 의미를 담은 키워드들이 생각나면 그것을 바로 나열하면서 말을 이어 나가야 한다. 예를 들어 예전에 다니던 회사를 그만둔 이유를 영어로 설명한다고 생각해 보자. 언제 회사를 그만두었는지 시간을 나타내는 정보와, 그만둔 이유를 설명하는 정보, 그리고 회사를 그만둔 후에 어떻게 행동했는지를 설명하는 정보가 차례로 나열될 것이다. 각각의 정보에서 키워드는

    Last February
    slow promotion
    at least 20 years in the mid-level position
    send my resume to job recruiters
    rapid promotion

와 같은 표현들이 될 수 있다. 이런 말들이 떠오른다면 일단 뱉고 볼 일이다. 중요한 건 정확한 키워드다. 정확한 키워드를 구사하면 원어민들은 내가 전달하고자 하는 의미를 이해한다.

원어민이라면 이런 키워드를 잘 활용해서 다음처럼 매끄럽게 말할 것이다.

Last February, I resigned from my position at ABC Company because of the slow employee promotion model. In order to receive pay raises and more responsibilities, it seemed like I would have to work at least 20 years in a mid-level position. I decided to send my resume to some job recruiters, hoping that one of them could find a position with more rapid upward mobility.

지난 2월에 ABC 회사에서 퇴사했습니다. 승진이 너무 느린 구조 때문입니다. 연봉이 오르고 더 큰 책임을 맡게 되기 위해서는 중간 관리직에서 20년은 머물러야 될 것 같습니다. 그래서 헤드헌터에게 이력서를 보내기로 결정했고, 승진이 빨리 진행될 수 있는 회사를 찾고자 희망합니다.

그러나 혹 매끄럽지 못하더라도, 키워드들만 잘 챙겨 다음처럼 말한다면 의사소통은 이뤄진다.

Last February, I resigned from ABC Company because the promotion was too slow. For more pay and responsibilities, I would have to work at least 20 years in a mid-level position. So I sent my resume to recruiters and hope one of them can find a position that gives rapid promotion.

말하자면 실제 스피킹은 평소 연습과는 달라야 한다. 평소에 연습할 때는 키워드뿐 아니라 키워드를 연결하는 표현들도 기억해서 완결된 문장을 만들려 노력해야 하지만, 실제로 대화를 나눌 때는 내 생각을 잘 전달할 수 있는 키워드들을 자신감 있게 내뱉는 것이 더 중요하다.

입시 위주의 문법 교육에서는 주어-동사 일치와 시제 일치를 매우 강조한다. 이런 문법에 충실하려면 내가 주어를 무엇으로 잡았는지를 계속 기억하고 있다가 동사의 수와 시제를 정확히 일치시키며 말해야 한다. 예를 들어 종속절의 시제가 주절의 시제보다 앞설 수 없으므로 I thought John will join our team.이라고 하면 안 되고 I thought John would join our team(존이 우리 팀에 들어올 거라고 생각했다).이라고 해야 맞다. Jane told me she had been sick for a week(제인은 일주일 동안 몸이 안 좋았다고 말했다).의 경우에도 '나'에게 말한 시점을 기준으로 그 이전부터 아팠으므로 Jane told me she was sick for a week.라고 하면 틀린 것이다. 그러나 실전에서 어떤 일이 먼저 일어났는지 시간의 선후 관계까지 따져서는 말을 잘할 수 없다. 자신 있게 문장을 이어나갈 수가 없다. 초급이나 중급 수준의 학습자는 우선 문법을 생각하지 말고 키워드들을 빨리 나열하는데 중점을 두어야 한다.

말을 이어가기 힘들 정도로 문법에 신경 쓸 필요는 없다. 하지만 기본적으로 지켜야 할 사항은 있다. 아주 기초적인 문법이지만 국내파들은 실수하기 쉬운 다음과 같은 것들이다.

- be 동사와 일반동사를 구분해야 한다. **Do you agree?**라고 하지 않고 **Are you agree?**라고 말하는 실수를 실제로 하게 된다. 우리말에서는 **be**동사와 일반동사의 구분이 없기 때문에 발생하는 현상이다. **he didn't** 이라고 하지 않고 **he was didn't** 처럼 말하는 실수도 저지르기 쉽다.

- **he**와 **she**, **his**와 **her**를 정확히 구분해야 한다. 너무 쉬운 문법 아니냐고 생각하는 독자도 있겠지만 생각보다 저지르기 쉬운 실수다. 영어를 우리말로 번역하기 위해 '그', '그녀'와 같은 단어를 쓰고 있지만 사실 우리말은 주어 자리에 대명사가 오는 경우가 드물고, 남성과 여성을 구별해서 지칭하는 말도 잘 쓰지 않는다. 그래서 영어로 말할 때 생각보다 헷갈리기 쉽다.

- **Seoul is more colder than Shanhai.** 처럼 비교급을 쓸 때 **more**와 비교급을 동시에 나열하지 않도록 주의해야 한다.

KEY TAKEAWAYS

스피킹 연습을 시작하는 단계에서는 문법을 너무 의식하지 않고 되도록 짧게 말하는 것이 좋다. 시간이 지나 말하기에 익숙해지면 스스로 교정하는 능력과 여유가 자연스레 생겨 난다.

입에서 튀어나오기와
의식하고 말하기

입에서 튀어나오기

쉬운 말은 생각하지 않아도 입에서 나온다. 어느 정도 영어에 익숙한 사람이라면, 물건 값이 얼마인지를 물어보기 위해 **How much is it?**을 생각하고 말하지는 않을 것이다. 하지만 어려운 말은 머릿속을 거쳐야 나온다. 그만큼 시간이 걸린다. 그런데 더 정확하게 말하자면 쉬운 문장이 쉽게 나오는 게 아니라 한 번 말해 본 문장이나 익숙한 문장이 입에서 쉽게 나오는 것이다. How much is it?와 같은 문장 구조이지만 **How seriously was he hurt**(그의 부상이 얼마나 심각합니까)?은 상대적으로 어렵다. 말해 본 문장이 아니기 때문일 가능성이 높다. 따라서 스피킹을 잘하려면 한 번 이상 말해 본 문장의 수가 많아져야 한다. 한 번 말해 본 내용은 다음에 더 잘 말할 수 있다.

의식하고 말하기

 반면 모든 문장을 그렇게 미리 연습하고 말할 수는 없기 때문에, 입에서 바로 튀어나오지 않는 경우 문장을 즉석에서 만들어 가며 말한다. 필자는 이런 말하기를 '의식하고 말하기'라고 부르고자 한다. 사실 우리가 말해야 하는 문장의 대부분은 의식하고 말하기다.

 의식하고 말하기에서 가장 주의할 것은 한국말에 끌려 가서는 안 된다는 점이다. 모국어가 한국어인 사람들은 한국말을 먼저 떠올린 후 영어로 표현하는 과정을 거치게 된다. 한국말에 해당하는 정확한 영어 표현을 아는 경우 수월하게 표현할 수 있지만 모르는 경우에는 시간만 흐르고 답답해진다. 이 답답함을 극복하는 것이 말하기의 가장 어려운 부분이라 할 수 있다. 답답함을 극복하려면 머릿속에 떠오른 한국어에 집착해서는 안 된다. 대응하는 영어가 생각나지 않으면 그 의미를 전달하는 두 번째 혹은 세 번째로 좋은 표현을 생각해 내고 말해야 한다. 이런 과정을 흔히 '돌려치기'라고 부르기도 하는데, 돌려치기는 우리 모두가 겪게 되는 과정이다. 영어로 말을 잘 하는 사람은 이 돌려치기를 잘하는 사람이라 해도 과언이 아니다.

 앞에서 설명한 '그거 진짜 메스껍게 만든다'라는 우리말을 범용 단어 **uncomfortable**을 활용하여 표현하는 과정이 말하자면 돌려치기에 해당한다. '메스껍다'라는 우리말에 가깝게 **disgusting**이나 **nauseating**을 활용하여 That's so disgusting/nauseating.이라고 하지 않고 **That makes me so** uncomfortable.이라고 돌려치기를 해도 의미 전달에는 성공한 셈이다.

그런데 실제 언어 생활에서는 입에서 튀어나오기와 의식하고 말하기의 중간 정도에 해당하는 말들이 대다수이다. 즉, 영어로 스피킹을 하고 있는데 동시에 영어로 표현하지 못하는 말도 한국말로 머릿속에 또렷이 떠오르게 된다. 결국 스피킹 연습이란 이렇게 즉시 영어로 표현할 수 없는 영역에 있는 말들을 입에서 튀어나오기의 영역으로 자꾸 이동시키는 작업이라고 할 수 있다. 그림으로 설명한다면 다음과 같다.

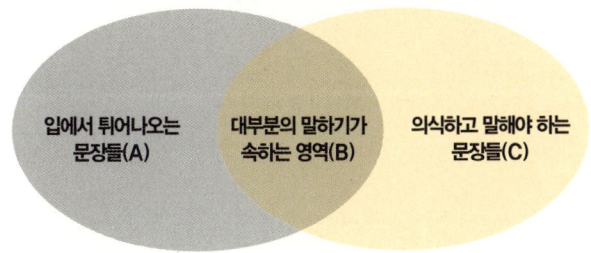

A, B, C 영역의 크기는 사람마다 다르다. 말하기 연습을 많이 하지 않은 사람의 영역별 크기 비율은 다음과 같을 것이다. 즉 입에서 튀어나오는 문장보다 의식하고 말해야 하는 문장이 압도적으로 많다.

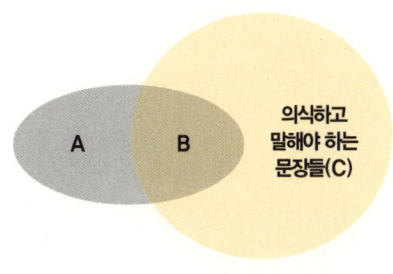

〈말하기 연습이 부족한 학습자의 예〉

반면 말하기 연습이 잘 된 학습자의 경우 영역별 크기의 비율은 다음과 같을 것이다. 즉, 입에서 튀어나오는 문장이 의식하고 말해야 하는 문장보다 압도적으로 많고 반쯤 의식하고 말하는 문장의 수도 상당히 많다.

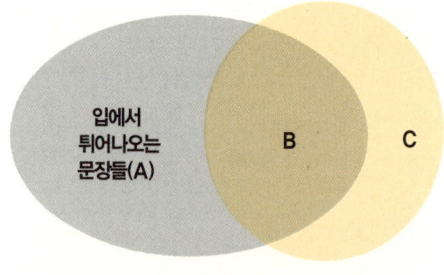

〈말하기 연습이 잘 된 학습자의 예〉

말하기 연습이란 결국 C 영역에 있는 문장을 B 영역과 A 영역으로 이동하는 과정이다.

KEY TAKEAWAYS

익숙한 말을 반사적으로 말하는 경우와 그 자리에서 처음 문장을 만들어 가며 말하는 경우가 있다. 실제 말하기는 둘이 섞여 있는 경우가 대부분이다. 반사적으로 말할 수 있는 표현을 늘려 나가야 한다.

문장 만드는 속도를 높이기

시작이 반

문장을 만들 때 시작이 가장 어렵다. 그래서 시작이 반이라는 말은 스피킹에도 통한다. 문장을 구성하는 첫 서너 개 단어를 자신있게 뱉으면 문장은 거의 만들어진 셈이나 다름 없다. 그러기 위해서는 어느 정도 패턴을 기억하고 있는 것이 좋다. 가장 많이 쓰는 문장을 우선 평서문과 의문문으로 나눠, 문장의 처음 서너 개 단어가 머릿속에서 답답한 과정을 거치지 않고도 시원스레 나올 수 있도록 준비하고 있어야 한다.

패턴을 기억하기

사람들이 의사소통을 위해 하는 말들은 매우 복잡하고 다양한 듯 보이지만 실은 몇 개의 범주로 나눌 수 있다. 예를 들어 요청 아니면 거절, 감정을 표현할 때도 좋은 감정이 아니면 나쁜 감정, 이런 식으로 단순화할 수 있다. 이렇게 큰 범주로 나누고 자주 쓸 것 같은 패턴들을 기억해 두는 작업이 필요하다. 하나의 범주당 2-3개의 패턴만 기억해도 내 영어는 강해진다. 그리고 패턴을 기억할 때는 편하게 쓸 수 있는 패턴과 격식을 차려 말할 때 쓸 수 있는 패턴을 구분하는 것이 좋다.

예를 들어 정중하게 말하는 데 도움이 되는 다음의 패턴만 기억하고 있어도 문장을 시작하는 데 많은 도움이 될 것이다.

I'm glad ~ / ~해서 좋습니다
I hope ~ / ~하길 바랍니다
Would you please ~? / ~해 주시겠습니까
I'm afraid ~ / ~라 유감이군요
I'm sorry, but ~ / 죄송합니다만 ~입니다
Please let me know ~ / ~에 대해 알려주세요
I'm very interested in ~ / ~할 의사가 있습니다
I understand … but ~ / …이 이해는 갑니다만 ~입니다
I was wondering if ~ / 혹시 ~할 수 있을까요
Is there any way ~ ? / 혹시 ~할 수 있을까요
If you don't mind ~ / 괜찮으시다면
Would it be possible to ~ ? / 혹시 ~할 수 있을까요
I'd appreciate it if ~ / ~하면 감사하겠습니다
Please feel free to ~ / 편하게 ~하세요

I think we'd better ~ / ~하는 게 더 나을 것 같습니다
Please make sure ~ / 꼭 ~해 주십시오

KEY TAKEAWAYS

문장 만들기는 시작이 어렵다. 자신 있게 시작할 수 있도록, 실용적인 패턴들을 기억하고 있어야 한다.

스피킹 연습법:
짝짓기

표현과 표현을 짝짓기

앞서 설명한 입에서 튀어나오기가 잘 되려면 한 번 이상 말해 본 문장, 한 번 이상 생각해 본 표현이 많아야 한다. 결국 어떻게 표현들을 쌓아둘 것인가 하는 문제가 생긴다. 우리가 평소에 하는 스피킹 연습은 이런 많은 표현들을 머릿속에 쌓아 두는 과정이어야 한다. 평소에 쌓아 놓고, 원어민과의 의사소통을 통해 꺼내 써 본 후, 부족한 부분을 확인하는 것이 제대로 된 프로세스다.

표현을 쌓아 두는 방법으로 '짝짓기'를 권한다. 짝짓기란 간단하다. 영어 단어를 외우듯 우리말과 영어를 짝지어 연결하고 기억하는 것이다. 단어를 외울 때 단어 대 단어만을 짝지었다면 스피킹을 위한 짝짓기에서는 최소한 두세 단어 이상으로 이루어진 표현 대 표현 혹은 문장 대 문장, 더 나아가 상황 대 문장을 연결해야 한다는 점이 다르다.

이 짝짓기는 내가 보고 듣는 모든 문장을 대상으로 할 수 있고, 매일 할 수 있고, 내가 필요로 하는 표현을 중심으로 융통성을 발휘해서 할 수 있다. 꼭 어려운 문장을 통해서만 하는 것도 아니다. 중학교 1학년 교과서에도 내게 필요한 표현이 있다는 생각으로 접근해 보자.

예를 들어 다음처럼 중학교 수준의 글을 보았다고 하자.

This is my school building. **It has four stories** with ten classrooms on each floor. There is also a big playground in front of the building. The building is brown.

읽고 이해하는 데에는 어려울 것이 없는 쉬운 문장이다. 하지만 좋은 짝짓기 소재를 포함하고 있다. 이 문장은, 어떤 건물이 몇 층짜리라고 할 때 건물을 주어로 잡고 동사 **have**를 쓴 다음 단어 **story**로 층을 표현하면 된다는 점을 보여준다.

아니면 다음처럼 어려운 표현이 많이 나오는 영어 뉴스를 보았다고 하자. 전체적인 문장의 난이도는 내가 원하는 표현을 추출하는 일과 별 상관이 없다. 내가 활용하기 나름이다.

Popular South Korean boy band Bigbang is back on the music scene after a three-year hiatus, with a new single delving into the stresses of daily life. The track, entitled "Loser", has **dominated South Korea's online music charts** since its release on May 1 and its video has seen more than 12 million hits on YouTube. It has also **ranked top on the iTunes single charts** of Hong Kong, Macau, Singapore and Taiwan, where the band has many fans.

(출처: www.reuters.com)

한국의 인기 그룹 빅뱅이 3년간의 공백을 깨고 다시 팬들 앞에 섰다. 이번에 발표한 싱글은 일상의 스트레스를 다루고 있다. 루저라는 제목의 타이틀 곡은 5월 1일 발매된 이래 한국의 온라인 음악 차트를 점령했으며 유튜브 조회수도 1천 2백만을 기록했다. 또 홍콩, 마카오, 싱가포르, 대만 등 많은 팬을 확보하고 있는 국가에서 아이튠즈 싱글 차트 1위를 차지했다.

hiatus, **delve**와 같은 단어는 몰라도 문맥에서 충분히 짐작할 수 있다. 이 지문에서 정작 쓸모 있는 부분은 '차트를 점령하다'라는 말을 표현하는 **dominate the music charts**와 '차트 1위를 하다'를 표현하는 **rank top on the charts**이다. 이 두 표현을 뽑아내어 짝짓기할 수 있다면 이 기사를 충분히 활용했다고 말할 수 있다.

수능 영어 지문에서도 우리가 원하는 것을 뽑아낼 수 있다. 앞서 설명했던 긴 지문을 다시 예로 들어 본다면

> Richard Dawkins and John Krebs argued that although in some circumstances **it might be appropriate to** describe animal signals as transferring information, in many other, perhaps most, cases there would be such a conflict of interest between signaller and receiver that **it is more accurate to** describe the signaller as attempting to 'manipulate' the receiver rather than just inform it.

위 지문에서는 it might be appropriate to와 it is more accurate to가 좋은 짝짓기 재료가 될 수 있다. '어떻게 말하는 것이 맞다'고 할 때 **it might be appropriate to~**라고 표현하면 되고, 더 나아가 '어떻게 말하는

것이 더 정확하다'고 할 때는 it is more accurate to ~라는 표현을 쓰면 된다. 특히 '~라고 해야 정확하다'라는 표현은 유용하게 쓸 수 있으므로 it is more accurate to ~를 잘 기억해 둔다면 그것만으로도 위 글의 효용은 충분하다.

국내파가 스피킹 능력을 발전시키는 가장 효과적인 방법은 보고 듣는 모든 영어 문장을 이 짝짓기의 대상으로 생각해 보는 것이다. 그렇게 하면 모든 영어 문장이 새롭게 보일 것이다. 분해하고 이해만 한 후 뒤돌아서면 잊어버리는 시험의 일부가 아니라 내가 흡수하고 활용까지 할 수 있는 영어 도구로 보이게 될 것이다.

이런 짝짓기 작업을 열심히 해 두면, 머릿속에 넣어 둔 표현들이 필요할 때 어떻게든 다시 나오게 마련이다. 예를 들어

No one should be discriminated against because of sexual preference.
성적 지향으로 인해 차별받는 사람은 없어야 한다.

라는 문장을 보고 no one should be discriminated against because of ~ 라는 표현을 담아 두었다고 하자. 그러면 '장애 때문에 차별을 받아서는 안 된다'라고 말해야 되는 하는 상황에서 **No one should be discriminated against because of a disability**(장애 때문에 차별을 받는 사람은 없어야 한다). 라는 말이 입에서 튀어나오게 된다.

물론 이런 응용력에는 개인차가 있을 것이다. 어휘 실력도 문제가 된

다. 위 예에서도 '장애'라는 말의 영어 표현을 모르면 잘 짝지어 놓은 표현도 활용할 수가 없다. 하지만 짝짓기의 효과는 생각보다 정직하다. 자기 영어에 편입해서 나중에 꼭 활용해 보겠다는 생각으로 짝지어 놓은 표현은 나도 모르게 입에서 나온다. 설령 정확하지 않더라도 비슷하게나마 입에서 튀어나오게 된다. 그리고 이런 과정을 거쳐 같은 말을 한두 번 반복해서 표현하고 나면 다음 번에는 더 정확한 영어를 의식적으로 구사할 수 있게 된다. 반복을 통해 스스로 교정하는 과정을 거치게 되는 것이다.

문장과 문장을 짝짓기

표현과 표현의 연결을 더 발전시키면 문장과 문장의 연결이 된다.

예를 들어 '성격 차이 때문에 이혼했어'라는 말을 영어로 하려면, '차이'가 **difference**이고 '성격'이 **personality**이므로 **They divorced due to difference of personalities**.라고 표현하고 싶을 것이다. 이렇게 말해도 의미는 통하지만 이 경우 원어민들은 **They divorced due to irreconcilable differences**.처럼 말한다. **irreconcilable**이 '화해하다'라는 뜻을 지닌 **reconcile**에서 나온 말이므로, 우리말 '성격 차이'를 원어민들은 '화해할 수 없는 차이'라고 말하는 셈이다. 이런 경우 '성격 차이 때문에 이혼했어'라는 문장과 **They divorced due to irreconcilable differences**.라는 문장을 연결해서 기억해야 한다. 즉 우리말을 단어에 충실하게 영어로 옮겨도 의미가 잘 통하지 않거나 원어민이 우리 예상과 다르게 말하는 표현이라면 문장 대 문장으로 기억하는 편이 효과적이다.

'외국어는 안 쓰면 잊어버려'라는 말을 If you don't use a foreign language, you will forget it.이라고 표현할 수도 있다. 하지만 원어민은 이 경우 더 간단하게 Use it or lose it.이라는 문장을 활용하곤 한다. 각운이 잘 맞는 use 와 lose를 활용하고 뒤에 it을 넣어 재치 있게 표현한 말이다. 이 경우에도 '계속 연습하지 않으면 어떤 능력은 퇴화하게 된다'라는 우리말 문장과 Use it or lose it.이라는 영어 문장을 짝지어 기억하면 된다. 우리말 문장과 전혀 다른 듯하지만 충분히, 오히려 더 자연스럽게 의미를 모두 전달하고 있다.

이 방법은 관용 표현 학습에도 적용된다. 예를 들어 '남의 떡이 커 보인다'고 할 때 영어로는 The grass looks greener on the other side(남의 집 잔디밭이 더 푸르게 보인다).라고 말한다. 이런 경우에도 표현 대 표현이 아니라 문장 대 문장을 짝지어 기억해야 적절하게 활용할 수 있다.

우리말 문장을 단어별로 영어로 옮겨 문법에 맞게 배열한다고 해서 영어가 되는 것은 아니다. 어떤 생각을 표현하는 가장 자연스러운 영어 문장을 기억하는 것이 결국 영어 실력을 늘리는 길이므로, 이렇게 문장과 문장을 연결하여 기억해 두고 활용하는 작업은 매우 중요하다.

상황과 문장을 짝짓기

문장과 문장을 연결하는 데서 나아가 상황과 문장을 연결하는 경우를 생각할 수 있다. 이 경우는 우리말에 중점을 두어 영어로 옮기면 우스꽝스럽거나 부적절한 문장이 되어 버리는 경우를 말한다. 예를 들어 소중한 사람을 잃은 누군가에게 애도를 표해야 하는 상황을 생각해 보자. 이 때는 일단 우리말을 모두 잊고, 그 상황에서 원어민들은 어떻게 말하는가를 관찰한 후 최대한 동일하게 말해야 한다. 한국어식 사고방식에서 출발한 문장은 별 의미가 없다.

애도의 말은 최대한 간결하고 직설적이지 않게 하는 것이 좋으므로 다음과 같은 문장을 활용할 수 있다.

I am sorry to hear of your loss.
(소중한 분을) 잃으셨다는 말씀을 들어 유감입니다.

My thoughts and prayers are with you in this sad time.
이 슬픈 시간에 제 생각과 기도가 귀하와 함께 합니다.

I hope you will find comfort and peace.
평안과 평화를 찾으실 수 있기를 바랍니다.

우리말 번역이 부자연스러워 보이는 것은 당연하다. 우리말을 매개로 영어 표현을 기억하지 말고 '애도를 표하다'라는 상황과 위 문장들을 바로 짝지어서 머릿속에 담아 두어야 한다.

예를 들어 회사에서 보내는 공문도 마찬가지다. 우리가 보내는 공문에는 대개 '귀사의 일익 번창하심을 빕니다'와 같은 문장이 들어가기 마련인데, 영어에는 그런 문장이 없다. 더 정확히 말하면 그런 말을 넣는 '상황'이 영어에는 존재하지 않는다. 예전에 어느 대기업에서 보낸 팩스에서 '일익 번창하심을 빕니다'를 그대로 번역한 I wish your company to become more prosperous every day.와 같은 문장을 본 적이 있다. 매우 어색한 직역이며, '상황'을 생각하지 않고 문장만 영어로 옮긴 일종의 오류다. 이 경우 '일익 번창'과 같은 말은 잊고 아무 말도 넣지 않거나 영어 이메일에 어울리는 평범한 인사말을 넣어야 한다.

KEY TAKEAWAYS

국내파가 스피킹 실력을 향상할 수 있는 가장 효과적인 방법은 우리말과 영어를 짝짓는 연습이다. 단어 대 단어 짝짓기에서 더 나아가 표현 대 표현, 문장 대 문장, 상황 대 문장을 짝짓는 연습이 필요하다.

Writing

영작과 함께 살아가기

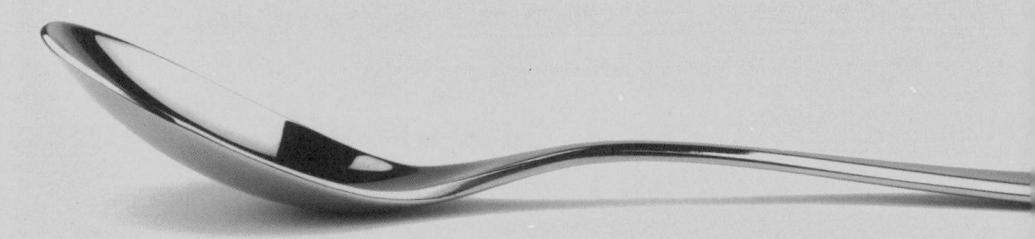

말하기와 글쓰기를
구분하지 말자

글도 결국은 소리다

듣기가 어떻게 글쓰기에까지 영향을 미치는지 앞에서 설명한 바 있다. 특히 국내파의 경우 말하기와 쓰기를 구분하지 말고 '문장 만들기'라는 개념으로 접근하는 것이 좋다.

물론 말하기와 글쓰기는 다르다. 말을 그대로 옮기면 글이 될 정도로 말을 잘하는 사람도 있지만, 대부분의 사람들은 말을 할 때 더 장황하고 정돈 되어 있지 않으며 글을 쓸 때 더 간결하고 추상적이고 격식을 차린다.

하지만 모국어가 아닌 영어로 문장을 만드는 경우 말하기와 글쓰기를 구분하여 연습하는 것은 효과적이지 않다. 아주 높은 수준에 도달한 사람이 아니라면 영어로 문장을 만들어 내는 것 자체가 힘든 일이기 때문이다.

우리말로 글을 쓴 후 그 글이 자연스러운지를 판단하는 가장 일반적인 방법은 한번 소리 내어 읽어 보는 것이다. 읽어 봐서 어색하게 들리면 고친다. 결국 글도 소리로 판단한다는 뜻이다. 모든 언어에는 단어 조합의 법칙과 표현의 흐름이 있으며, 자연스러운 조합과 흐름을 알고 있는 사람이 말도 잘하고 글도 잘 쓴다. 영어도 마찬가지다. 다만 우리에게 영어는 모국어가 아니라 외국어이기 때문에 조합과 흐름의 자연스러움을 판단하는 능력이 부족한 것뿐이다. 그러나 여전히 판단의 기준은 자연스러움이다. 문법에 맞게 단어를 연결해서 문장을 만든다고 해서 자연스러운 문장이 되지 않는다. 예를 들어 다음 문장은 문법적으로 틀리지 않다.

In the group, the number of people who smoke is bigger in two times than the number of people who do not smoke.
그 집단에서는 담배를 피는 사람 수가 담배를 피지 않는 사람 수보다 두 배 더 많다.

그러나 아무도 이 문장이 좋은 문장이라고 하지 않을 것이다. 다음과 같이 간결하게 고칠 수 있기 때문이다.

The group's smoker versus non-smoker ratio was two to one.
그 집단의 흡연자 대 비 흡연자의 비율은 2대 1이다.

국내파로서 상당 수준의 말하기와 듣기 능력을 지니게 되기 전까지 영작 연습을 따로 할 생각은 접어 두는 것이 좋다. 일단 말과 소리 중심으로 문장을 만드는 능력을 향상하고 난 다음에 어떻게 잘 쓸지를 고민해도 된다. 우선은 자연스러운 조합과 흐름에 익숙해지는 데 노력을 집중해야 한다. 그래야 덜 어색한 문장을 만들게 되고 차차 좋은 문장도 쓸 수 있게 될 것이다. 내 영어 실력이 상당한 수준으로 발전할 때까지는 영작이 아니라 문장 만들기만이 있을 뿐이라고 생각하자.

나는 현실적으로 무엇을 쓰게 될까

우리가 흔히 하는 '영작'이라는 말은 결국 말하기와 별 다를 바 없는 문장 만들기를 가리키며, 단어와 표현의 자연스러운 조합과 흐름을 익혀야만 할 수 있는 작업이라는 점에서 스피킹 연습과 사실상 차이가 없다.

영자 신문 기자를 제외하고 영어로 매일 글을 쓰는 한국인은 매우 드물다. 우리가 영어로 글을 쓰게 되는 경우는 현실적으로 비즈니스 이메일을 작성하거나 프레젠테이션 자료를 작성하는 정도가 거의 전부다. 영어 이메일을 써야 하는 정도의 영어 능력이 요구된다면 스피킹 공부와 글쓰기 공부를 구분하지 말아야 한다. 문장 만들기라는 범주에 넣고 하나로 생각하는 것이 좋다.

KEY TAKEAWAYS

듣기 좋은 문장이 읽기 좋은 문장이다. 국내파가 영어를 연습할 때에는 말하기와 쓰기를 구분하지 않는 것이 좋다.

단락 만들기

문장 만들기를 넘어 단락 만들기로

내 생각을 어느 정도 말로 옮길 수 있게 되어 이제 영작을 생각할 단계에 도달했다면, 개별 문장을 만들기보다 문장을 연결하는 일이 더 어렵다는 점을 느낄 것이다.

예를 들어 아래 글을 보자. 가상으로 써 본 어느 회사원의 일기이다. 독자들이 직접 영어로 일기를 써 본다면 아마 모든 문장을 I로 시작하는 아래와 같은 일기가 만들어질 것이다. I로 시작하는 '문장'에는 문제가 없다. 하지만 모든 문장을 I로 시작해서는 좋은 '글'이 될 수 없다. 그렇기 때문에 문장을 연결하기 위해 문장의 구조를 다양하게 운용하는 능력이 필요하다.

I got up at six this morning, as always. I had a quick breakfast and ran to the subway station. I was already so tired when I saw so many people in the subway. I worked hard in the office. I had an important meeting today and was able to take care of everything without making any mistakes. I came back home at 8 pm. I was tired. I watched some TV and went to bed at 11 pm.

나는 오늘 아침에 언제나처럼 6시에 일어났다. 나는 아침을 빨리 먹고 지하철로 뛰어 갔다. 지하철의 많은 사람들을 보는 순간 나는 이미 지쳐 있었다. 나는 사무실에서 열심히 일했다. 나는 오늘 중요한 회의가 있었는데, 아무런 실수 없이 모든 일을 잘 처리할 수 있었다. 나는 8시에 집에 왔다. 나는 피곤했다. 나는 TV를 보다가 11시에 잠자리에 들었다.

더 바람직한 문장은 아래와 같다.

Like every other weekday, I got up at 6 am. After a quick breakfast, I dashed off to the subway station. Seeing so many people crammed into the subway already made me feel weary, even before I had done any work. It was a long but productive day at the office. I had an important meeting and got through everything without making any errors. I got home at 8 pm. I was tired, so my evening was just spent watching some TV. I turned in for the night at 11 pm.

평일에 항상 그렇듯이 6시에 일어났다. 아침을 빨리 먹고 서둘러 지하철역으로 갔다. 좁은 지하철 안에 빽빽하게 타고 있는 사람들의 모습이, 아직 일도 시작 안 했는데 벌써 나를 지치게 만들었다. 사무실에서 일이 많았지만 생산적인 날이었다. 중요한 회의가 있었는데, 아무 실수도 하지 않고 모든 일을 끝마쳤다. 저녁 8시에 집에 왔다. 피곤해서 저녁 시간은 그냥 TV를 보며 보냈다. 그리고 11시에 잠자리에 들었다.

모든 문장을 I로 시작하지 않고 문장과 문장을 자연스럽게 연결하기 위해 분사구문을 쓰기도 하고 수동태를 활용하기도 했다. 이렇게 같은 내용을 다양한 문장 구조를 활용하여 표현할 줄 아는 능력이 있어야 비로소 단락을 만들 수 있고 영작도 가능하게 된다.

한 문장이 아니라 최소한 한 단락을 만드는 것이 영작이다. 거기서 더 나아간다면 단락을 연결한 하나의 '글'을 만들게 된다. 단락을 넘어 글을 완성하는 단계는 차후에 논하는 것으로 하고, 우선 이 책에서는 개별 문장을 잘 연결해서 좋은 단락을 만드는 것이 영작이라는 점을 강조하는 선에서 마무리하고자 한다.

KEY TAKEAWAYS

최소한 한 개의 단락을 쓰는 것이 영작이다. 한 문장을 만드는 것은 그냥 문장 만들기다.

단락 만들기의 두 가지 원칙

좋은 단락을 만들기 위해 고려할 두 가지 원칙이 있다. 첫 번째 원칙은 One Sentence, One Idea다.

길고 복잡한 문장은 읽는 사람을 짜증나게 할 뿐이다. 한국어나 영어나 마찬가지다. One Sentence, One Idea, 즉 문장 하나가 한 가지 정보만을 담고 있는 것이 좋다. 예를 들어 어떤 영화에 대한 자신의 생각을 표현하는 글을 쓴다고 생각해 보자.

Recently I watched the movie, "Gone Girl," which at the beginning seemed like a regular drama but later its plot became more mysterious and dark. Even though the movie teetered on the edge between reality and the unbelievable, it was not science fiction and was classified as a psychological thriller that played with relationships and socio-pathologic behavior. At the end, I realized that my eyes hadn't left the screen during the whole movie.

최근에, 처음 시작은 일반 드라마 같았는데 나중에는 줄거리가 신비롭고 어두운 느낌을 주는 『나를 찾아줘(Gone Girl)』라는 영화를 보았다. 그 영화는 현실과 믿기 힘든 이야기 사이에 아슬아슬하게 걸쳐 있었지만, 공상 과학 영화는 아니고 인간 관계와 사회병리학적 행동을 다루는 심리 스릴러물이었다. 영화가 끝날 즈음에는 내가 영화 내내 스크린에서 눈을 떼지 못하고 있었다는 점을 깨달았다.

2개의 긴 문장과 1개의 그보다 짧은 문장으로 한 단락을 구성하고 있다. which, that과 같은 관계대명사를 사용하여 여러 생각을 한 문장에 집어넣었고, even though로 시작하는 종속절도 포함하고 있다. 이렇게 길게 문장을 쓰는 것이 틀렸다고는 말할 수 없다. 하지만 **One Sentence, One Idea**라는 원칙에 맞게 다음과 같이 고친다면 훨씬 읽기 편하고 명료한 글이 된다.

Recently I watched the movie, "Gone Girl." At the beginning, it seemed like a regular drama. However, as events unfolded, the plot became more mysterious and dark. The movie teetered on the edge between reality and the unbelievable. It was not science fiction, though. Classified as a psychological thriller, "Gone Girl" played with relationships and socio-pathologic behavior. At the end, I realized that my eyes hadn't left the screen during the whole movie.

최근에 『나를 찾아줘(Gone Girl)』라는 영화를 보았다. 처음 시작은 일반 드라마 같았다. 그러나 사건이 진행되면서 줄거리가 점점 미스터리하고 어둡게 변했다. 영화는 현실과 믿기 힘든 이야기 사이에 아슬아슬하게 걸쳐 있었다. 하지만 공상 과학 영화는 아니었다. 심리 스릴러물로 분류되는 영화로, 인간 관계와 사회병리학적 행동을 다루었다. 영화가 끝날 즈음에는 내가 영화 내내 눈을 떼지 못하고 있었다는 점을 깨달았다.

두 번째 원칙은 꼬리 물기다. 정확한 정보를 담고 있는 간결한 문장이 쭉쭉 읽혀야 좋은 글이라고 말할 수 있는데, 잘 읽히려면 앞 문장과 다음 문장이 유기적으로 연결되어 있어야 한다. 앞 문장이 어떤 주제를 던지면 다음 문장이 그 주제를 받아 설명하고, 그 설명한 내용을 주제로 삼아 그 다음 문장이 또 설명하는 방식으로 문장이 쭉쭉 이어져야 잘 쓴 글이 될 수 있다. 앞서 예로 든 글에서 각 문장이 어떻게 잘 연결되어 있는지 설명하면 다음과 같다.

Recently I watched **the movie**, "Gone Girl." At the beginning, it seemed like a **regular drama**.

However, as events unfolded, **the plot** became more **mysterious and dark**.

The movie teetered on the edge **between reality and the unbelievable**.

It was **not science fiction**, though. Classified as a psychological thriller, "Gone Girl" played with **relationships and socio-pathologic behavior**.

At the end, I realized that my eyes hadn't left the screen during the whole movie.

the movie를 다음 문장에서 regular drama라고 설명하고 있다.

그 영화에 대해 다시 언급하면서 줄거리가 어떠했는지 추가로 설명한다.

mysterious and dark의 연장선에서, 현실과 믿기 힘든 이야기 사이에 위태롭게 걸쳐 있는 듯한 영화라고 설명하고 있다.

공상과학 영화가 아니라는 말에 이어서 인간 관계를 다룬 영화라고 설명하고 있다.

마지막에 자신의 감상을 정리하는 것을 끝을 맺고 있다.

위 지문처럼 문장이 잘 연결된다는 느낌을 주지 못하고, 만일 뚝뚝 끊기거나 왔다갔다하는 느낌을 준다면 좋은 단락이라고 말할 수 없다.

KEY TAKEAWAYS

짧고 힘있는 문장들이 유기적으로 연결된 단락을 만들어야 한다. 앞 문장의 아이디어를 뒤 문장에서 이어가는 연결 구조가 바람직하다.

스타일을 익혀야 한다

 개별적인 문장을 만든 후, 문장을 적절히 연결하여 흐름이 좋은 단락을 만들어야 비로소 영작이 된다는 점을 강조했다. 그런데 여기에 더해 또 한 가지 고려할 점이 있다. 바로 스타일이다.

 모든 글에는 스타일이 있다. 예를 들어 이메일을 쓸 때 이야기를 풀어가는 방식과 영어로 파워포인트 자료를 만들 때 문장을 배치하는 방식은 다르다. 이메일을 쓰면 먼저 인사말이 나올 테고, 그다음에 하고 싶은 말이 나오고 반드시 끝맺는 말도 넣게 된다. 내가 얼마나 잘 아는 사람이냐에 따라 이메일을 시작하는 말과 끝맺는 말이 달라진다. 오랫동안 커뮤니케이션을 이어온 비즈니스 파트너에게 보내는 메일과 처음 연락하는 사람에게 보내는 메일의 구성 및 말투는 다를 수밖에 없다. 또, 영어로 자기소개서나 이력서를 써야 한다면 해당 스타일에 맞아야 할 것이다.

 개별 문장이 정확해야 할 뿐만 아니라 그 글의 목적에 부합하는 스타일도 고려해서 글을 써야 한다는 점을 기억하자.

스타일은 검색을 통해 해결하자

 처음 어떤 글을 써야 한다면, 특히 취업과 관련된 이력서나 자기소개서(cover letter)를 써야 한다면 막막할 수밖에 없다. 다행히 영어는 이력서나 자기소개서를 쓸 때 정해진 형식에 크게 구애받지 않는 경향이 있다. 어떤 틀을 정확히 따르기보다 상대방이 원하는 정보를 잘 배치하는 것을 더 중시한다.

이력서나 자기소개서를 포함하여 글의 스타일은 구글 검색을 통해 해결하는 것이 가장 현실적인 방법이다. 정해진 형식이 없기 때문에 매우 다양한 결과가 검색되는데, 중요한 정보를 가장 잘 표현한다고 여겨지는 것을 선택하면 된다. 아래에 구글에서 검색한 자기소개서와 이력서 견본을 소개해 본다.

우리의 자기소개서를 영어로는 cover letter라고 하는데, 자신에 대한 소개를 편지 형식으로 표현하기 때문이다. 자기 소개서는 크게 **standard style**과 **speculative style**로 나눌 수 있다. **standard**란 채용 공고를 보고 지원할 때 쓰는 가장 일반적인 형태를 말한다. 반면 **speculative style**은 채용공고가 나지 않았더라도 인사 담당자에게 자신이 구직 활동을 하고 있다는 점을 알리고, 후일 채용할 기회가 생기면 자신을 고려해 달라고 말하기 위해 쓰는 자기소개서를 일컫는다.

▶ standard cover letter

Dear Mr. Black, (or Dear Sir or Madam)

Please find enclosed my resume in response to the position of Marketing Associate as advertised on January 30 in 〈Newspaper name〉.

In college, I double majored in economics and marketing. As a part of my degree, I was selected as an intern at 〈company name〉, one of the country's top advertising firms. My internship included a large amount of independent research, requiring me to exercise self-motivation, good time management and a wide range of other skills. I was also asked to assist with client relations - an opportunity not afforded to many interns.

I am a quick and good writer, and pay attention to detail. I am also very comfortable with Microsoft Word, Excel and Access. I am available to begin employment immediately, and I believe I have the enthusiasm, skills and drive to fulfill all the position requirements.

Thank you for your consideration and I look forward to hearing from you soon.

Sincerely,

James Blue

어떤 공고를 보고 지원하는지 적는다

자신의 전공이나 업무 경험 등을 적는다.

자신의 장점이나 업무 능력을 구체적으로 적는다.

인사말을 붙이고 마무리한다.

▶ speculative cover letter

Dear Mr. Brown,

I am writing to inquire if you have any positions open in your company. Enclosed please find my resume for your consideration.

As highlighted on my resume, I have had a wide variety of experiences in the Marketing and Advertising fields. My internship at ⟨different company name⟩ enabled me to develop a number of varied skills as well as good inter-personal abilities. I believe I could fit in well as a team member.

I am conscientious, pay attention to detail and am a hard worker. I adapt quickly to new situations and am open to developing new skills as I try to learn as much as possible from other colleagues. I also can quickly think of new and innovative ways to solve problems. My goal is to work for a company which has a great reputation and maintains a high profile like [insert company name].

I can provide excellent references and I would be pleased to discuss any openings at ⟨company name⟩ with you at your convenience. If you do not have any suitable openings at the moment, I would be very grateful if you could keep my resume on file for any future possibilities. Thank you for your consideration.

Sincerely,
James Blue

---

speculative cover letter이므로 채용 계획이 있다면 나에게 기회를 달라는 말로 시작한다.

자신의 전공이나 업무 경험 등을 적는다.

자신의 장점이나 업무 능력을 구체적으로 적는다.

speculative cover letter에 맞게 지금 당장 채용 계획은 없더라도 채용 대상으로 고려해 달라는 말을 덧붙이며 마무리한다.

두 자기소개서 예에서 보듯이, **speculative cover letter**를 쓴다면 편지의 처음과 끝에 지금 당장 채용 계획은 없더라도 채용 대상으로 고려해 달라는 말을 덧붙여야 한다. 말하자면 자기소개서를 쓸 때 지켜야 할 스타일인 셈이다.

이력서도 역시 구체적인 형식의 제약을 받지 않는다. 우리는 문구점에서 파는 양식을 구매하여 이력서를 작성하기도 하는데, 영어로 이력서를 쓸 때는 그런 양식에 구애 받지 않아도 된다. 자기소개서에 **standard**와 **speculative**라는 두 개의 스타일이 있듯이, 이력서도 **chronological**과 **functional**로 구분할 수 있다. **chronological**은 말 그대로 자신이 일한 경험을 시간 순서대로 모두 나열하는 이력서이고, **functional**은 앞으로 담당하게 될 업무와 관련하여 고용주에게 어필할 수 있는 정보만 강조하는 이력서를 말한다.

▶ **chronological resume**

〈Name〉
〈Contact information〉]── 이름과 연락처를 적는다.

Highlights of Qualification ── 업무능력이나 자격증 보유 여부 등을 적는다.

Employment History
(from most to least recent)]── 과거에 몸담았던 회사를 적는다.
(최근 것이 위로 오도록)

Education (from most to least recent) ── 학력을 적는다.
(최근에 졸업한 학교가 위로 오도록)

References available upon request ── 평판조회(레퍼런스)를 위한 연락처를 적는다.

▶ **functional resume**

⟨Name⟩
⟨Contact information⟩   ] 이름과 연락처를 적는다.

Highlights of Qualifications
(including accomplishments, experience   ] 업무능력이나 자격증 보유 여부
and professional career path as relating   등을 적는다.
to desired employment)

Professional Career Path (former jobs   ] 자신이 몸담았던 회사나 진행했던 업
relating to desired employment)   무 중에서 내가 지금 지원하는 직책과
                                                  관련된 내용을 상세히 적는다.

Education   ── 학력을 적는다.
                                    (최근에 졸업한 학교가 위로 오도록)

References available upon request ── 평판조회(레퍼런스)를 위한 연락처를
                                          적는다.

역시 문서의 양식은 중요하지 않고, 중요한 정보를 빠짐없이 기술하는 것이 중요하다. 특히 경력이나 학력을 기대할 때 최근 것이 위로 오도록 적어야 하며, 과거의 업무성과가 어땠는지 평가할 수 있도록 평판조회(레퍼런스)를 위한 연락처를 반드시 추가해야 한다.

이렇듯 스타일에는 문화적인 차이도 반영되어 있기 때문에, 결국 구글에서 가장 비슷한 문서를 찾아 모방하면서 문서를 작성하는 수밖에 없다. 너무 많은 검색 결과가 나온다면, 문서 검색 대신 이미지 검색을 해 보는 것도 요령이다. 이미지 검색을 통해 내가 원하는 문서의 스타일을 더 빨리

볼 수 있으므로 더 효율적인 검색이 가능하다.

KEY TAKEAWAYS

이력서나 자기소개서 등을 쓸 때 영어는 우리말보다 스타일이 더 자유롭다. 자기에게 필요한 스타일은 구글 검색을 통해 해결할 수 있다.

Regrets

다시 시간을 돌릴 수 있다면

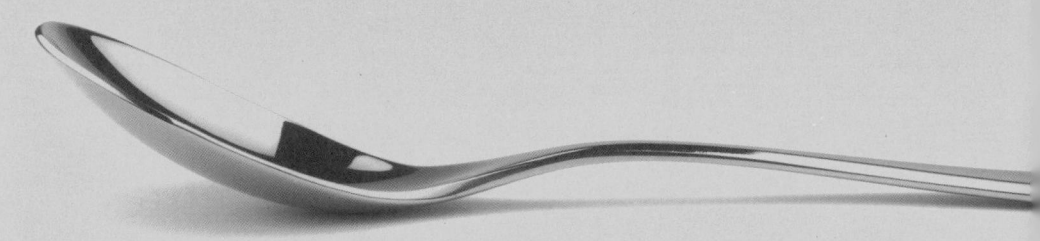

점수와 학위를
신봉하지 말자

트위터에서 다음과 같은 대화를 발견했다.

문: 불문과랑 독문과랑 일문과는 어떻게 다를까요?
답: 배우는 것이 다르고 미래가 같습니다.
문: 영문과는요?
답: 미래가 다를 것이라고 생각하는 점이 다르고 미래가 같습니다.

실제 문답인지 가상으로 만든 문답인지는 모르겠으나, 답변은 정곡을 찔렀다. 영어영문학과에 진학하는 것과 영어학자가 되는 것과 영문학자가 되는 것과 영어를 잘하게 되는 것은 별개다. 그런데 이 모두가 혼란스럽게 뒤엉켜 있다. 불어, 독어, 일어도 마찬가지다. 그런 점을 잘 모르고 외국어 전공자가 되면 결국 미래는 같아지고 만다. 내세우기 부끄러운 전공 외국어 실력을 지닌 채, 딱히 잘한다고 말할 것도 없는 그런 사람이 되고 만다.

학부에서 영어 통역과 번역을 전공하고 대학원도 통역대학원을 졸업한 필자의 후배는 '저는 전문 지식에 목말라 있습니다'라고 했다. 그 말의 의미가 무엇인지 독자들께서 깊이 생각해 보시기를 바란다. 외국어 공부를 좋아해서 외국어를 전공하는 사람들의 마음은 이해가 가지만, 외국어 전공자가 사회에 나가서 먹고 사는 문제를 해결하려면 많은 것이 결핍되어 있음을 느낄 것이다.

실용적인 영어 구사 능력은 점수나 학위와 별 관련이 없다. 영어나 영문학을 학문으로 연구하는 사람들의 영어 구사 능력이 특별히 뛰어난 것도 아니다. 전공과 무관하게, 또 석사나 박사 같은 학위와 무관하게 실용적인 영어 구사 능력은 개인의 노력만으로 얼마든지 높일 수 있다. 학위는 신봉하지 않아도 된다. 영어 방송을 많이 보고 정기적으로 원어민과 영어로 말하는 연습을 하면, 그리고 자신의 전공이나 직업과 관련된 내용을 영어로 어떻게 표현하면 좋을지 꾸준히 관심을 지니면, 영어와 함께 살아가며 영어로 의사소통하는 사람이 될 수 있다.

그리고 영어 점수와 영어 능력 간에는 어느 정도의 상관 관계만 있다고 믿는 것이 맞다. 영어 점수야 높을수록 편리하겠지만, 적당히 괜찮은 영어 점수만 받고 끝낼 것인가, 더 나아가 영어로 의사소통할 수 있는 사람이 될 것인가 스스로 결정하는 과정이 필요하다.

이 세 가지는
꼭 할 것이다

필자는 학창시절 영어 공부를 좋아해서 영어영문학을 전공으로 택했지만, 영어 잘 못하고 영어를 외면하는 영문과 학생으로 20대 중반까지를 보냈다. 그 이후 원어민과 영어로 의사소통할 기회를 만들고부터 영어를 진짜 영어로 대하기 시작했다고 생각한다. 필자가 만약 시간을 되돌릴 수 있다면, 먼 길을 돌아 오지 않기 위해 다음 세 가지를 꼭 실천할 것이다.

읽기보다 듣기에 치중한다

필자가 대학생이었던 시절에는 **AFKN(American Forces Korean Network**의 약자) 혹은 **AFN Korea**라고 하는 미군 채널을 시청할 수 있었다. 2000년대 초반까지도 대부분의 가정에서 이 채널을 통해 미국의 많은 인기 프로그램과 뉴스를 볼 수 있었던 것으로 기억한다. 다시 시간을 돌린다면 필자는 '주구장창' 미군 방송을 보면서 20대를 보낼 것 같다. 실제 미국인들이 쓰는 자연스러운 영어를 담고 있는 방송보다 더 좋은 영어 교재는 없다.

영문학이 전공이다 보니 시나 소설을 잘 읽는 능력이 가장 먼저 요구되었지만, 읽지 않고 듣는 데 많은 시간을 보낼 것이다. 다시 말하지만 들어야 한다. 많이 들으면 결국 잘 말하게 되고 잘 읽게 된다. 글도 잘 쓰게 된다. 적어도 덜 어색한 문장을 쓸 수 있게 된다. 글도 글쓴이의 머리에 소리로 떠오른 것임을 잊어서는 안 된다. 들어서 어색한 글은 읽어서도 어색하다. 듣는 문장은 쉽고 읽는 문장은 어렵다는 생각은 틀렸다.

되도록 많은 내용을 주제와 난이도를 가리지 않고 들을 것이다. 그리고 그중에서 내가 쓸 표현을 정리해서 차근차근 익혀 나가겠다. 공책에 정리하든 머릿속에만 정리하든 중요하지 않다. 그렇게 한다면 내가 하고 싶은 말을 영어로 표현하는 능력이 자연스레 발전해 나갈 것이다.

한 살이라도 어릴 때 많이 말하기 위해 애쓴다

구슬이 서 말이라도 꿰어야 보배라고, 머릿속에 담아 두는 것과 실제로 말해보는 것 사이에는 큰 차이가 있다. 머릿속에 차곡차곡 담는 연습을 평소에 열심히 하고, 반드시 실전에서 원어민에게 써먹어 봐야 다음 공부에 대한 목표가 생긴다. 자신의 부족한 점을 알기 위해 직접 말해 보는 것보다 더 좋은 방법은 없다.

그리고 한 살이라도 어릴 때 말해 보는 것이 좋다. 어릴 때 더 잘 배울 수 있기 때문만은 아니다. 연습할 시간을 좀 더 확보할 수 있다는 의미에서 어릴수록 좋다는 말이다. 나이를 먹을수록 신경 쓸 일이 많아지고 영어 연습에만 집중하기가 힘들어진다. 조금이라도 더 시간적 여유가 있을 때 말해 봐야 한다. 앞서 설명했듯이 한 번 말해 본 내용과 그렇지 않은 내용은 다음에 말할 때 분명히 차이가 난다. 그런 의미에서 스피킹 연습은 시간 싸움이기도 하다. 조금이라도 여유가 있을 때, 말해 본 문장들의 리스트를 늘려 놓아야 한다. 머릿속에서 영어로 굴려 본 표현의 종류가 많아져야 한다.

표현뿐 아니라 지식에도 관심을 갖는다

무엇이든 하나의 관심사를 갖고, 그 관심사를 영어로 이해하는 과정이 필요하다. 스포츠든 경제든 정치든 음악이든, 개인적으로 흥미로워하는 분야면 된다. 물론 자신의 전공이나 직업과 관련된 분야일 수도 있을 것이다.

영어를 잘하려면 영어 자체를 목적으로 생각하는 시간을 반드시 거쳐야 한다. 하지만 궁극적으로 영어는 수단이다. 우리는 영어로 뭔가를 잘하는 사람이 되기 위해 영어를 익히고 연습한다. 우선 영어부터 잘하고 난 후에 전문 분야를 찾겠다고 생각하면 늦는다. 관심 분야의 지식을 넓히고 관련 정보를 얻는 작업을 영어로 해 보자. 그래야 실용적인 영어 구사 능력도 빨리 발전한다. 같은 표현을 봐도 내가 하고 싶었던 말일 때 기억이 더 잘 되고 활용도도 높아지게 마련이다. 일관된 관심 분야가 있으면 영어 공부도 따라서 일관되게 진행된다. 꾸준히 보게 되고, 꾸준히 듣게 되며, 결국 꾸준히 발전한다. 구체적인 목표가 있기 때문에 더 효율적으로 영어를 습득하게 되는 것이다.

KEY TAKEAWAYS

좋은 글을 많이 읽기 전에, 평범한 말을 많이 듣고 간단한 내용이라도 스스로 말해 보는 기회부터 마련해야 한다. 좋은 글은 나중에 읽을 수 있다.

이 세 가지는
하지 않을 것이다

문제집 많이 풀지 않는다

영어 쓰기 능력과 말하기 능력은 궁극적으로 문제집을 푼다고 배양되지 않는다. 문제집에 나온 영어 지문은 인위적이고, 짧다. 재미도 별로 없다. 문제를 출제하기 위해 책을 만드는 사람이 가공한 내용도 많다. 난이도를 조절하기 위해 쉬운 단어로 교체하기도 하고, 저작권을 침해하지 않기 위해 빼거나 바꾸기도 한다. 문제집은 영어라는 언어의 기본 구조를 이해하게 해주는 수단 정도로 받아들이고 넘어가는 것이 좋다.

두꺼운 책, 특히 소설로 영어 공부한다고 생각하지 않는다

소설로, 그것도 명작 소설이나 고전 소설 원문 그대로 영어 공부할 생각은 하지 않는 것이 좋다. 우선 뉴스나 드라마에 나오는 평이한 영어를 이해해야 문학 작품을 이해할 수 있다. 고등교육을 받은 평범한 원어민이

TV를 켰을 때 보고 듣는 영어를 먼저 알고 나서, 좋은 문학 작품에 나오는 영어를 접하는 것이 자연스러운 순서다. 그런 의미에서 우리나라 영문과의 교육은 순서가 바뀌었다.

영한사전 열심히 뒤지지 않는다

사전의 효용은 예문을 보기 위함이다. 예문을 생각하면 영영사전을 봐야 한다. 요즘 나오는 영영사전들은 신문이나 잡지, 문서 등 실생활과 밀접한 문헌에서 직접 예문을 뽑아 만든다. 출처가 불분명한 예문을 담고 있는 영한사전과는 예문의 차원이 다르다. 영한사전은 영어를 우리말로 번역하거나 우리말이 궁금할 때 찾아보는 수단 정도로 생각해야지, 영한 사전으로 영어를 공부할 생각은 하지 말아야 한다.

모르는 단어가 나올 때마다 영한사전을 펼치는 습관을 버리자. 단어 뜻 하나 달랑 외울 생각을 하지 말고, 그 단어가 어떤 의미를 전달하기 위해 어떤 문장 안에서 쓰이고 있는가를 기억해야 한다. 그리고 더 나아가 그 단어를 활용하여 문장을 만들 수 있어야 한다. 단어장을 만들어 발음 기호와 우리말 뜻만 적고 외우는 암기법은 궁극적으로 바람직한 단어 학습법이 되지 못한다.

KEY TAKEAWAYS

영어 시험을 잘 보기 위해 필요했던 영한사전 열심히 찾기, 문제 많이 풀기는 실용적인 영어 능력을 증진시키는 데 좋은 방법이 아니다. 오히려 그런 방법들이 방해가 될 것이다.

영어 실력은 결국 스스로 쌓아 가는 것이다

나만의 영어 몰입 환경 만들기

영어를 익히는 과정은 결국 자기 영어를 쌓아 나가는 과정이다. 나를 둘러싼 환경이나 밖으로부터의 자극은 모두 '자기 영어 쌓기'에 도움이 될 뿐이다. 한국어가 완벽히 차단된 환경에서 매일 영어로만 자극을 받는다면 영어 능력이 매우 빨리 발전할 것이다. 그런 의미에서 외국에서 학교를 다니거나 직장을 다니는 것이 최선이다. 하지만 오직 영어만을 위해 삶의 환경을 완전히 바꾸는 것은 현실적이지 못하다. 앞서 강조한 '내 생활을 벗어난 영어란 존재할 수 없다'는 말의 의미를 생각해 보아야 한다.

내가 어디에 있든 나만의 영어몰입 환경은 만들 수 있다. 내 언어 생활의 많은 부분을 영어에 떼어 줄 결심을 하고 실천에 옮기면 그것이 바로 나만의 영어 몰입 환경 만들기인 것이다.

물리적 환경과 언어적 환경은 다르다

　물리적 환경과 언어적 환경의 차이를 생각해 보자. LA 한인타운에서만 생활한다면 영어가 그리 필요하지 않을 수도 있다. 그렇다면 미국에서 살아도 영어가 별로 늘지 않을 것이다. 하지만 한국에서라도 원어민에 둘러싸여 생활한다면 어학연수를 다녀온 친구들보다 더 영어를 잘할 수 있게 된다. 물리적 환경이 중요한 것이 아니라 언어적 환경이 중요하다. 스스로 어떤 언어적 환경을 만드느냐에 따라 내 영어 실력은 달라진다.

〈물리적 환경과 언어적 환경은 다르다〉

관심, 자기 영어, 원어민의 자극이 핵심

앞서 소개한 영어연습의 선순환 구조 그림을 다시 한 번 강조하고 싶다. 영어로 자신을 표현하고자 하는 사람은 어떻게든 영어를 익힌다. 어려워 보이는 부분도 의사소통을 위해 어떻게든 이해하고 넘어가려 한다. 단어, 숙어, 문법, 독해와 관련된 복잡함이나 어려움들은 영어를 실제로 활용하고 영어로 자기 생각을 표현할 때 비로소 해결된다. 의사소통이 배제된 점수 위주의 영어 공부만으로는 이 복잡함을 해결하기가 힘들 것이다.

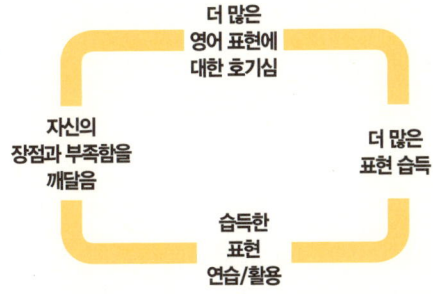

우선 영어로 뭔가를 듣는 일부터 시작해야 한다. 그다음 원어민에게 (혹은 나보다 영어를 훨씬 잘하는 사람에게) 영어로 생각을 말해야 한다. 그리고 그 과정에서 자신의 실수를 머릿속으로 정리하는 시간이 필요하다. 의사소통이 끝난 후엔 내가 했던 말을 스스로 생각해 보아야 한다. 어떤 실수가 있었는지를 스스로 생각해 보는 시간에 내 영어는 발전한다.

그렇게 '이런 우리말을 영어로는 어떻게 표현할까'라는 생각을 항상 지니고 사는 사람은, 즉 언어 생활의 1% 이상을 영어로 하고자 하는 사람은, 자기 영어를 발전시켜 나가게 된다. 자기가 선호하는 표현이 생기고 결국 자신의 스타일이 만들어진다. '나는 한국어가 모국어지만 영어로도 의사소통을 할 수 있습니다'라고 자신 있게 말할 수 있는 사람이 된다. 그리고 그렇게 자기 영어가 생겼다고 깨닫게 되면, 평생 자기 영어를 발전시키기 위해 노력하며 살 수 있게 된다.

이 모든 과정에서, 특히 초기 단계에서 원어민의 자극은 필수적이다. 자극이 고통스럽다고만 생각하지는 말자. 자신이 어디까지 와 있는지를 냉정히 돌아보게 하고 앞으로 더 나아갈 수 있도록 하는 자극이다. 때로는 보상의 형태로 자극이 주어질 수도 있다. 자기가 하고 싶은 말을 충실히 원어민에게 전달했을 때 느끼는 성취감만큼 큰 보상은 없다.

KEY TAKEAWAYS

원어민과 정기적으로 소통하면서 자기 영어를 구축해 나가는 노력을 한다면 국내파도 얼마든지 영어로 의사소통을 잘하는 사람이 될 수 있다.